中国式P2P网贷

水名岳　符拓求　著

中国出版集团　东方出版中心

作者简介

　　水名岳，男，管理学博士，先后毕业于上海交通大学、中国社会科学院研究生院和国家行政学院，美国乔治梅森大学公共政策学院访问学者，中国社会科学院金融法律与金融监管研究基地特邀研究人员，曾在投行、投资基金、券商资管等金融机构担任中层管理人员。在《人民日报》、《中国经济时报》、《财经国家周刊》、《经济研究参考》、《中国银行业》等报纸和学术期刊发表关于金融监管、经济体制改革和国际政治经济等方面文章多篇。

　　符拓求，男，管理学硕士，先后毕业于东南大学和北京大学，曾任职于中国平安和中国信达旗下公司，对保险、银行、证券、信托等金融投资领域有较为深入的研究和实践，发表《中国金融业混业经营下交叉销售的研究》等金融分析文章多篇。自 2011 年起，开始关注 P2P 行业发展并开展一系列实践，积累了丰富的 P2P 理论和实战经验。

推　荐　序

当前,中国经济发展进入新常态,即中国社会经济发展到了一个新的阶段,我们要站在新阶段上来思考中国改革和发展问题。经济新常态是中国经济增长由过去高速增长或超高速增长向中高速增长阶段过渡;发展方式由过去粗放型发展过渡到精耕细作的发展阶段;产业结构由过去的总体中低端水平过渡到中高端水平;增长动力由过去偏重要素驱动、投资驱动转向创新驱动,强调创新在国家和社会发展中的引领作用;资源配置由政府为主导的市场经济向市场在资源配置中发挥决定性作用的法治市场经济转变;经济福祉是由过去的先行先富型向包容共享型转变。

在这样的社会经济发展大背景下,互联网金融能够加快资金集聚步伐、放大融资规模、降低融资信贷成本和方式,这有利于解决中小微企业融资缺口,推动创新创业型企业发展,有利于我们经济发展动力转型、促进就业、产业结构布局合理化和城乡一体化。因此,我们要重视互联网金融对于经济新常态下的投融资模式创新和产业结构转型发展的杠杆作用。

本书选取了这场互联网金融浪潮所带来的金融新业态之一——P2P,介绍了P2P的行业发展背景、过程趋势、形势特点、监管政策和未来发展方向,还选取了近年来P2P行业发展的典型案例,生动详实的向读者展示了国内 P2P 行业的独特发展路径,对于读者了解国内 P2P 行业发展动向,厘清行业投资迷局,慎重选择投资平台和投资项目,具有很好的阅读和参考价值。相信本书能够为广大 P2P 学习者、研究者和实践者提供很好的参考学习素材。

国家行政学院经济学部主任、一级教授、博士生导师

2016 年 1 月于北京

前　　言

　　互联网金融在中国的发展可谓是欣欣向荣、蒸蒸日上，其中 P2P 行业的蓬勃发展一直备受关注，从最初拍拍贷的创立到之后宜信、深圳红岭创投的出现，再到现在行业有超过 2 500 多家 P2P 网贷平台公司，几乎每个月都有不少新平台的创建，行业发展速度几乎超过国内任何一个行业。虽然P2P 市场不断出现跑路、停业等情况，但毫无疑问的是，P2P网贷已经成为了国民经济中具有重要影响力的一个行业，是众多个人和中小微企业进行融资的一个便利渠道，极大丰富了广大中小投资者的投资渠道。P2P 网贷在一定程度上实现了在货币市场中用好存量、盘活闲置资金、服务实体经济、拓宽老百姓投资渠道的社会效应。

　　目前，中国已经超越美国成为全球最大的 P2P 交易市场，独具特色的中国式 P2P 的迅速发展已经改变了 P2P 网贷的典型模式。一方面，P2P 行业投资案例越来越多；另一方面，跑路事件频发，监管缺失现象也比较严重，人们对 P2P行业未来发展的心情可谓是一半火山一半冰川，既渴求 P2P发展所带来的巨大金融红利，又害怕其所带来的各种无法预料的风险。

　　本书以 P2P 行业发展的矛盾现象为背景，以 P2P 行业在国内的不同发展阶段为主线，配合大量案例的形式分析互联网时代的中国 P2P 行业发展和未来动向。本书还介绍了国内外对 P2P 行业的监管政策沿革和国外主流的 P2P 网贷模式,希望能为 P2P 行业实践者和所有关心国内 P2P 网贷行业动态的读者提供参考和帮助。

我们希望在互联网＋的大势之下,P2P 行业能够充分利用好互联网的便捷,同时也能够更加平稳、快速的发展。

目　　录

一、P2P 行业背景

(一) P2P 概述

P2P 是一种借贷的模式,其英文名字是 Peer to Peer,即"个人对个人"的借贷,中文翻译为"人人贷"。借贷模式为有资金且有理财投资需求的个人,通过中介机构,使用贷款的方式将资金借贷给其他有借款需求的人,其中中介机构负责对借款方的个人基本信息、信用状况、资金用途、还款来源等情况进行详细的调查,并收取账户管理费和服务费等收入。P2P 网贷平台简单来说即是由某个企业搭建一个互联网平台,由需要借钱的人发布需求,投资人参与竞标,由平台撮合双方完成交易,并收取一定服务费的一种P2P 网络借贷模式。

1. 中国式 P2P: 民间借贷的表面化

P2P 网贷是一种基于互联网的民间借贷方式。民间借贷作为一种资源丰富、操作简捷灵便的融资手段,在市场经济不断发展的今天,一定程度上缓解了银行信贷资金不足的矛盾,促进了经济发展。但传统的点对点的民间借贷具有范围受限、需求匹配难、风险高的特点,一般只能限于熟人圈子,因此规模受到限制。随着互联网的发展和信用环境的改善,互联网的连接作用使得数量众多的借款人与投资者能够建立跨区域和熟人圈子的联系,并且较低成本解决了信息的分散和不对称问题,使得民间借贷关系发生的范围得到扩展,也就打开了规模限制。民间借贷搭上互联网快车,便形成了 P2P 网贷这一创新借贷模式,使得民间借贷获得新生。

像大多数民间借贷一样,P2P 网贷也是一种直接融资方式。不同于银行的间接融资方式,P2P 网贷的借款人与每一位投资者签订借款合同,也就是，每一个借款人都知道资金的来源，每一位投资者都知道自己资金的去向。一般来说，网络借贷平台不做归集资金、不进行期限错配、不直接介入风险经营，只扮演信息展示、需求匹配与撮合、资金中转通道的角色。P2P 网贷绕开银行，实现了小额存贷款的直接匹配，形成了一种全新型的"互联网直接融资市场"，对银行直接形成挑战。

2. 与国外的差异：有中国特色的 P2P

全球第一家 P2P 网贷平台是 Zopa，成立于 2005 年 3 月。经过多年发展，现在 Zopa 的业务已扩展至意大利、美国和日本等多个国家，平均每天线上的投资额达 200 多万英镑，截至 2014 年 12 月 31 日，Zopa 累计发出了贷款 7.13 亿英镑，其中 2014 年的总贷款规模为 2.68 亿英镑。预计 2015 年的总贷款规模将达到 5.5 亿英镑。

除了英国的 Zopa 外，目前世界上具有代表性的 P2P 网贷平台还有美国的 Prosper 与 Lending Club、德国的 Auxmoney 和日本的 Aqush，等等。其中 2007 年成立的 Lending Club 现已发展为全球最大的 P2P 公司。

2007 年，P2P 漂洋过海来到中国。不过在其后的几年间，国内的网贷平台很少，鲜有创业人士涉足。一直到 2010 年，网贷平台才被许多创业人士看中，开始陆续出现了一些试水者。现在国内排名第一的人人贷，就是成立于 2010 年。然后就是 2011 年，从这年开始，网贷平台进入快速发展期，一批网贷平台踊跃上线。据不完全统计，2014 年，国内含线下放贷的网贷平台全年交易额已超 1 500 亿元。

进入 2015 年后，网贷平台更是蓬勃发展，以每天 3～5 家上线的速度快速增长，进入了野蛮生长的时期。一方面，因为 P2P 尚未定性，处于监管真空，在中国严格的金融准入制度下，成为民间资本进入金融领域的最便捷入口；另一方面，P2P 为部分不能得到银行表内满足的信贷，包括符合信贷条件但需要出表的和本来就在银行服务之外的信贷需求，得到了一定的满足。

所以，促进 P2P 行业快速发展的正是我国传统金融市场无法解决的各种金融抑制。从境外看，无论美国还是英国，其支持 P2P 或者众筹发展的逻辑是高度一致的，即：支持个人消费和中小企业发展，满足其信贷需求,从而提振经济活力,支持就业。P2P 在国内获得了快速发展,但因为中外国情的不同,所以发生了许多改变。比如说,我国征信体系不健全,很多信息都没有免费开放或者查询不到,在这种情况下,很多平台为了吸引更多的投资者和资金不得不对借款人行为进行担保。这样做的结果使得国内的 P2P 很难成为一个相对独立的公共中介平台,这种加入自身信用的 P2P 模式,一旦出现问题,受损的并不是出资人而是平台本身。因此国内的 P2P 公司为了发展,就有了以下几种变化模式。

(1) 纯线上模式

代表企业:拍拍贷

始终坚持原生态的 P2P 模式,其最大特点是借款人和投资人都是从网络、电话等非地面渠道获取的,多是信用借款,借款额较小,对借款人的信用评估、审核基本上也是通过网络进行的。平台在其中只起撮合借款人和出借人的作用,即:出借人根据需求在平台上自主选择贷款对象,平台本身不介入交易,不对投资者提供任何形式的本息担保,也不会通过第三方融资担保机构或抵押担保方式为投资者提供保障。平台只负责信用审核、展示及招标,以收取账户管理费和服务费为收益来源。

(2) 债权转让模式(纯线下模式)

代表企业:宜信

这一模式的最大特点是借款人和投资人之间存在着一个中介——专业放款人,为了提高放贷速度,专业放款人先以自有资金放贷,然后把债权转让给投资者,使用回笼的资金重新进行放贷。由于债权转让模式多见于线下 P2P 网贷平台,因此也称为纯线下模式。

(3) O2O(Online to Offline)模式(线上找钱,线下找人)

该模式在 2013 年引起较多关注,其特点是 P2P 网贷平台主要负责借贷网站的维护和投资人的开发,其流程是小贷公司或担保公司寻找借款人进行审核后推荐给 P2P 网贷平台,平台再次审核后把借款信息发布到网站上,接受线上投资人的投标,而小贷公司或担保公司会给该笔借款提供完全担保或连带责任。又细分为两类:一类是原装,一类是错配。

① O2O＋本息担保模式

代表公司：人人贷、有利网

模式特色：O2O 即线上对接线下，这类平台从互联网上获取资金，线下用传统方式获取和审批项目；同时通过风险保障金或者第三方提供担保，以高收益＋本金保障计划吸引线上投资者。

② O2O＋资金池模式＋担保

代表企业：翼龙贷

模式特色：此种模式下 P2P 网贷平台同样从线上获得资金，从线下获取债权转让给线上投资人，并对债权进行担保。但投资人的资金和借款人的借款列表并不是一一对应的。资金统一流入资金池进行期限和金额错配，以短期资金投资长期债权，以小额资金组合投资大额债权，并通过滚动发行理财计划获得后续资金偿还到期债务，如此反复。对外，P2P 网贷平台使用带有预期收益率的理财产品包装销售债权。

（4）陆金所模式

代表企业：陆金所

从陆金所的实质来看，它就是平安融资担保的担保业务网络化，虽然它一直声称自己是中介方，但也掩盖不了它是平安集团利用自身信誉募集资金用于自身放贷的业务实质。这种情况下，出资人更相信的是平安集团的专业能力和实力，相信平安集团能使他们不但能拿回本金也能拿到利息。

（二）宏观背景与政策法律

1. P2P 兴起是庞大借款需求的体现吗？

我们来看一看 P2P 在中国产生的背景。2008 年的全球金融危机，使得看似固若金汤的金融体系哀鸿遍野，实体经济信贷需求萎缩，金融机构慎贷心理蔓延。与此同时，对风险已成惊弓之鸟的监管者，力度空前地加强了宏观审慎和微观审慎监管，各项监管指标水涨船高。在对风险进行防范的同时，也产生了一个负效用，即：客观上导致了金融抑制的加强，金融服务可获得性难度提高。也就是说中小企业等高风险领域获得金融机构的支持开始减少。

近几年来,中国的一大金融奇观是:一方面,流动性过剩,甚至泛滥,央行不得不被动干预、大力回笼流动性;另一方面,金融服务的结构性问题日益突出,大量对资金价格不敏感的国企和政府平台等占用了低价资金,而嗷嗷待哺的中小企业被加速挤出银行表内授信,这种挤出在 2009 年之后的信贷政策大起大落的震荡中空前加速,为保证国企和政府平台的"刚需",中小企业的融资更加孤立无援。

还有金融抑制,在这几年,不是缓释,而是加强了。有两个显性表现:一是货币"量价齐升",一方面流动性充裕,另一方面资金价格高居不下;二是,影子银行大行其道。由于正规金融的利率与信贷规模双管制,加之银行表内业务的监管成本提高,腾挪出表开始成为银行的必修课,通道业务层层加码,导致资金价格越来越高,获得的难度也越来越大。P2P 网贷的诞生,借助网络的优势,将这一部分压抑和蛰伏的金融需求激发出来。

P2P 网贷是互联网金融的重要模式之一。互联网金融是互联网与金融的结合,是借助互联网和移动通信技术实现资金融通、支付和信息中介功能的新兴金融模式。互联网金融的发展已经历了网上银行、第三方支付、个人贷款、企业融资等多个阶段,并且越来越在融通资金、资金供需双方的匹配等方面深入传统金融业务的核心。2013 年被称为"互联网金融元年",是互联网金融得到迅猛发展的一年,同年也是 P2P 网贷迅速增长的一年。可以说,从 2013 年开始,互联网与金融的结合从技术领域深入金融领域,从狭义走向广义,而其中,P2P 网贷的发展起到了重要作用。

2. P2P:游走于政策法律的边缘

P2P 在国内作为一个快速发展起来的新兴行业,同样存在各种问题。现阶段来看,游走于政策法律边缘的国内 P2P 主要有以下几个方面的特点:

(1)高息入场,低调"跑路"。老话说得好,哪里有利可图哪里就有坑蒙拐骗,P2P 行业混进了太多别有用心的参与者。部分 P2P 网贷平台的产品设计存在漏洞,而平台建设者正是利用这些漏洞制造陷阱,再加上

20％～30％超高的投资回报率吸引追求高息的投资人入场,最终结果是高息入场,低调"跑路",投资人受伤。

(2) 行业不成熟。国内自 2007 年从国外引进 P2P 行业,2012 年开始出现向好趋势,但行业发展尚未成熟。目前投资者对 P2P 网贷也还未真正了解,接触人数也不够多,没能很好地辨识 P2P 网贷优劣。同时,融资人方面也不知道如何成熟高效利用所获资金。可以说,整个 P2P 行业的参与者都在探索中前进。

(3) "三无"状况。"无准入门槛、无行业准则、无监管机构"的"三无"状况导致行业内的 P2P 企业鱼龙混杂,投资风险极高。在整个 P2P 行业参与者都不成熟的前提下,投资者没能辨别平台优劣,往往会选择投资回报更高的 P2P 平台。然而往往就是这些高息平台让投资者"踩雷"的概率最大。所以现在一些低稳收益、踏实运营的 P2P 网贷平台积极呼吁行业自律,主动要求相关部门进行监管。

(4) 巨头介入。巨头介入 P2P 网贷,说明这个行业的前景很好。现在很多国资背景的企业都介入 P2P 当中来了,像阿里、腾讯等互联网电商巨头也对 P2P 市场蠢蠢欲动。

此外,目前国内 P2P 行业存在的风险主要有:第一个是道德风险。一些企业目的不纯,从开始做网贷就心怀不轨,像这一类的一定要坚决打击。第二个就是企业自身的风控能力。P2P 市场毕竟存在一定的经营风险,企业既要考虑投资人的收益,又要进行放贷。能不能把控这种投资的风险,是需要去考量的。第三个是如何面对竞争风险。在这个快速增长的 P2P 市场里,大家都希望获取更多的份额,此时若对理财人的承诺不够理性,过分抬高投资的期望,也会产生一定的风险。

(三) P2P 核心价值链与运营

1. P2P 核心价值链

P2P 网贷平台价值链连接了贷款人和投资人两端,相对应的,价值链被一分为二:

由借款的一端出发：

（1）寻找借款人：P2P 网贷平台必须先做交易搜索（Deal Sourcing），找到有借贷需求的人，通常可以通过线上的广告等吸引流量，也可以通过线下的销售体系进行拓展，甚至可以与第三方小贷公司或担保公司合作，挖掘有借贷需求的借款人。P2P 网贷平台宜信便有强大的线下销售团队，挖掘商圈中有借贷需求的人。而有利网则通过与线下第三方小贷公司或担保公司合作，批量获取借款人的同时，也由第三方金融机构对借款人的信用做初步筛选。

（2）信用审核：不是所有有借贷需求的借款人都适合在 P2P 网贷平台上发布借贷需求，信用审核在这里起到了过滤劣质借款人的作用。除了线下的实地调查，线上的手段也成为 P2P 网贷平台进行尽职调查（Due Diligence）的重要模式。P2P 网贷平台除了视频认证等验证身份的手段，也可以利用大数据来采集数据并对借款人进行信用评级。大数据的来源包括接入征信平台（如多家 P2P 网贷平台已接入由央行征信中心控股的上海资信有限公司成立的"网络金融征信系统"）、关联社交网络账户（如 Lending Club 利用 Facebook 的社交圈关系来验证借款人的信用，国内的 WeCash 则用人人、微博等社交网络的数据来验证借款人信用）、与电商网站合作（如拍拍贷与 B2B 外贸网站敦煌网的合作）等。这些信用审核的结果也可以作为定价的基础。

（3）签约——正常还款——催收：在签约后，如果借款人信用出现了问题，存在违约的情况，P2P 网贷平台往往还会介入催收的环节。通过自建催收团队或与小贷公司、担保公司或专业的催收团队（也就是港片里面经常出现的"收数佬"）合作，为投资者谋求权益。

由投资的一端出发：

（1）寻找投资人：找到有融资需求的人后也需要找到有投资需求的人才能促成交易。一般拓展投资人的渠道和"寻找借款人"差不多，除了线上各种渠道外，线下也有不少 P2P 网贷平台成立了自有的财富管理公司。2010 年美国 P2P 网贷巨头 Lending Club 成立了 LC Advisor 投资管理公司；而宜信也成立了宜信财富，专注大众富裕阶层，除了 P2P 贷款产品，也为客户提供基金、保险、信托等业务。

（2）组建投资组合：投资者在纯粹的 P2P 网贷平台上组建投资组合一般要面对一个问题——风险与回报的选择(Risk-Return Trade Off)，如果 P2P 网贷平台的信用评级系统可以与定价机制较好地结合，高风险往往伴随着高回报。投资者登入 P2P 网贷平台后，会平衡自身的资金情况及风险偏好(Risk Appetite)，组建适合自己的投资组合。这个过程可以是投资者自己去选标，也可以是 P2P 网贷平台依照投资者的期望回报率及其他投资条件自动生成的初步组合，投资者再进行进一步的调整。以 Lending Club 联合创始人 Soul Htite(苏海德)加入的点融网为例，你可以在主页选择自己的期望回报率，点融网可以自动帮你选中数十个不同风险等级的 P2P 借贷标的，以达到分散投资的目的，这也极大便利了投资者的风险管理进程。

（3）签约正常还款担保：在签约后，如果借款人信用出现了问题，存在违约的情况，P2P 网贷平台也有可能担保本金或本息。这对于平台来说是个负担，甚至可能引起平台的破产。但对于风险偏好极低的中国投资者来说，不保本的投资对于他们来说可是一点吸引力都没有。所以，以纯线上模式闻名的拍拍贷也开始由以往的不担保模式，慢慢转向了有条件担保模式——若投资组合满足一定的分散投资标准，拍拍贷会保障投资者的本金，这也有利于提高投资者的风险意识和自我管理风险的能力。

2. P2P 运营 KPI 指标

KPI 即关键绩效指标 Key Performance Indicator，是通过对组织内部流程的输入端、输出端的关键参数进行设置、取样、计算、分析，衡量流程绩效的一种目标式量化管理指标，是把企业的战略目标分解为可操作的工作目标的工具，是企业绩效管理的基础。对于网站来说，运营 KPI 是网站运营人员需要参考的重要数据，一来作为网站运营决策的数据支持，二来也是网站运营人员工作成绩的主要参考。

网站运营常见的 KPI 有流量指标和用户指标两类，流量指标包括网站页面访问数(即网站流量)。用户访问网站按会话计算的次数、独立 IP 的访问用户数和平均每个用户访问页面数等。用户指标包括：页面跳出率,一般是指在一个页面停留的时间不超过大约 5 秒的访问量;用户进入网站的页面,很多时候用户并不是通过网站首页达到网站的,有可能是通过某个搜索关键词,也有可能是从其他网站链接过来的,用户进入网站的页面可以用于分析用户到访的目的;既有用户在站点平均停留时长,也有用户在单个页面的平均停留时长;用户回访率,即在指定时间段的用户数占上一个时间段用户数的比率;还有新增用户数、用户转化率、页面用户退出率、页面点击密度分布百分比等多种数字指标。综上我们可以发现 KPI 指标很直观地说明了用户的一些行为取向,但是直接依靠单一的 KPI 数字几乎看不出真正有用的信息。要经过认真分析结合实际情况综合各项 KPI 指标,才能做出正确的决策,不然数据仅仅是数据而已。

结合 P2P 网贷平台的平台模式和行业资源,可以围绕有效流量、活跃用户数、交易数据来制定运营目标,这三个指标恰恰体现了 P2P 网贷平台的特性。有效流量是基础、活跃用户数是根本、交易数据是命脉,日常的运营执行都围绕这三个数据的提升去工作。另外,贷款余额是衡量平台借贷规模和安全程度的重要指标。贷款余额,也称待收金额,指平台目前在贷尚未还款的本金(不计利息)。

3. P2P 运营核心环节

第一,流量分析是网站分析工作中最基本的一环。P2P 网贷平台的流量分为付费流量和免费流量,付费流量又分精准流量和非精准流量。精准流量渠道主要是 SEM(Search Engine Marketing)、金融网站。非精准流量就是一切大流量的网站/客户端/APP 端,如各类大型社区、网址、工具软件等。免费流量主要依赖 SEO(Search Engine Optimization)、平台自身微信/微博等。P2P 网贷平台中没有什么比有效流量更基础的了,而对于一个 P2P 网贷平台来说,一个功能强大的流量监测工具是流量工作的必备,因为通过流量监测可以知道流量来源渠道,而流量来源渠道分析是流量分析中最重要的,从而可以进行精准传播,在优质渠道投入资源维护关系,对普通渠道只需要保持定期关注。

第二,用户数量。P2P 网贷平台的流量有了,那么流量如何变成用户?第一步,让流量变成用户。P2P 网贷平台用户往往分为借款人和投资者两类,前一类用户很难拓展,大部分来源于线下合作,提升该类用户更多靠BD 和平台背景。后一类用户投资者选择平台的原因各种各样,但本质上还是看重高收益、安全性和体验的便捷性。标的的基本收益完全依赖于战略层的定位,不过红包类活动设计也能容易刺激新用户注册。安全性可能体现在平台背景、运营模式、流动性等。体验分网站使用体验和投资体验,前者靠产品和交互,后者靠产品和客服,其实都离不开技术。第二步,让用户变身活跃用户。P2P 网贷平台属于交易型网站,用户不会像电商用户那样实现多次交易,因此让用户学会投资、交流、学习和见面可以刺激用户的活跃度。要使注册用户变成活跃用户还是得依赖良好的数据监测系统。一个强大的用户监测系统能够筛选出不同特性的用户,从而让运营人员接近、分析、了解用户,同时开发论坛让用户有更多机会投资交流、见面学习。运营人员越贴近用户,越容易明白如何让用户变成活跃用户。最后,金融行业永远需要挖掘客户价值并进行区别对待,一个大客户及大客户身边的人脉胜过无数小客户,如何挖掘客户身边的人脉不能仅仅通过简单的产品设计,还需要定期举办公开或者不公开的客户见面会更好地凝聚投资者,这是 P2P 网站和一般网站明显不同的环节。

第三,交易数据。市场竞争的结果就是网贷平台单纯依赖担保公司、小贷公司输入借款项目的做法已经捉襟见肘,P2P 行业未来竞争的焦点更多会是借款项目的获取能力,P2P 行业看重借款项目的获取能力,而投资者看重的恰好也是平台的这方面能力。那么平台是如何提升交易数据的呢?投资数据比借款数据更容易提升,主要途径是提高对投资者基本利益的重视,而对基本利益的重视体现在加强基本的流动性工具设计上。除基本的加强流动性工具设计外,对用户需求的感知也是产品推进的原始驱动力,以用户为中心是互联网行业早已达成的共识,投资数据 KPI 提升关键在于对用户需求的感知和客户服务质量的提升。这个理念在金融领域并不仅仅是互联网领域常见的做用户调查、画像、访谈。只有 P2P 网贷平台真正好投资者所好、急投资者所急,敢于跳出所谓的规章制度和流程时间的限制,去解决投资者的问题,才能真正受到投资者的爱戴,从市场竞争中脱颖而出。除上面提到的之外,提升交易数据的重点还在于平台的口碑影响。有别于其他互联网领域,P2P 网贷平台用户之间的彼此影响是被放大的,因此口碑营销和口碑宣传远比其他领域重要。

关于 P2P 网贷平台的运营,无论是战略层运营还是执行层运营,最缺的永远是人才,最容易忽视的工作也往往是人才建设。P2P 行业属于互联网与金融的结合,很难找到两方面知识储备都足够专业的实战人才。只有加强人才建设和内部培训,才能让运营者真正懂得从用户的角度出发,符合金融产品的规律,在强调收益的同时对用户进行风险教育,遵循监管政策的要求,打造真正具有公信力的网络借贷平台。

二、国内 P2P 行业的黑暗探索期

（一）国内 P2P 的起源

1. 早期民间借贷

民间借贷在国内由来已久,根据应利静的《对民间借贷情况的调查与思考》,仅在浙江一带,民间借贷传统可以追溯到 20 世纪 70 年代,从那时候开始,很多中小企业大都开始通过民间融资获得资金,来源于银行贷款的很少。[①]

何为民间借贷,民间借贷是自然人之间、自然人与非金融组织之间直接进行的货币借贷,民间借贷一般是不经国家金融行政机关批准的借贷途径,是民间的较为原始的、基于熟人社会的一种借贷方式。而后又发展成为个人与企业组织间的借贷形式。不论是自然人对自然人,还是自然人对非金融组织,民间借贷满足了人民群众日常生活、调剂小额资金的需要,具有及时、简单、灵活等特点,对于通过银行贷款融资和借款的方式起到了一定的补充作用。

由于民间借贷是基于熟人社会发展起来的,借贷形式、利率等都很不完善,再加上自然人对非金融组织的借贷模式,存在个人无法判断组织的诚信和偿债能力等风险,民间借贷市场中出现纠纷,大多数是因为过期仍未偿还、口头协议后借方不作数以及欠条不规范引起的纠纷,这些都冲击着民间借贷市场,同时那些浑水摸鱼、融资后"跑路"的企业和个人也冲击着真正想要融资的企业。

[①] 应利静.对民间借贷情况的调查与思考,http://www.dol88.com/p-7156275484680.html.

然而,民间借贷又有其存在的必须性,因此规范民间借贷市场就成了民间借贷市场存在和发展的必经之路。如何规范或者如何更好地判断借款人信用与诚信、如何保证投资人利益就成为规范历程中需要解决的关键之处。

2. 早期中小微企业融资

中小微企业是我国经济的重要组成部分。根据国家工商局统计,2006年年末,全国注册私营企业 498.1 万户,比上年增加 15.81%;其中,第二产业 166.0 万户,增加 23.3 万户,增长 16.3%,占总户数的 33.3%;第三产业 322.3 万户,增加 44.1 万户,增长 15.9%,占总户数的 64.7%,私营企业数量占全国各类企业总数的比重达 57.4%。[①] 截至 2007 年第三季度,登记注册的全国私营企业达 538.7 万户,比 2006 年年底增长 8.2%。[②] 私营企业在很多方面具有明显的优势,比如科技创新等领域,但融资难成了私营企业和中小微企业发展的最大难题,也是我国民营经济发展的瓶颈。

由于私营企业和中小微企业的融资金额小,尚不能达到银行的最低融资需求,而且银行对于中小微企业发展方向和盈利能力无法估计,银行又因为现行的机制使它们倾向于风险较小的、有政府背景的企业,因此私营企业和中小微企业多数不能从银行贷款这个途径满足自身的融资需求。

但在 2006 年时,信贷融资就已经是我国融资体系的主体了。2006 年贷款在全部融资中的比重高达 82%,2006 年贷款、股票、国债、企业债券(包括企业短期融资券)之比为 80.2∶3.4∶9.8∶6.6。从信贷增长结构分析,近十年来民营经济仍处于国有经济的补充地位,正规金融体系对民营经济信贷供给增长慢于 GDP 增长。

而我国传统商业银行面向低收入群体和中小微企业的金融服务开展相对较为缺乏,通过传统金融业务可能存在应变能力较差、机制不够灵活、服务的效率有待提高等情况,这种局面为 P2P 信贷提供了广阔的市场和发展空间。

[①] 国家发展和改革委员会中小企业司.中国中小企业发展报告(2007)[R].北京:机械工业出版社,2007.
[②] 金正实.中国民营经济期待新政[J].中国民营科技与经济,2008(4):63-65.

3. 2007 年 P2P 网贷行业进入中国

说到 P2P 网贷平台的起源,必须要提到孟加拉国经济学家穆罕默德·尤努斯和英国的 Zopa。前者开创了 P2P 信贷模式与小额贷款,并创建了小额贷款银行——格莱珉银行,提出了穷人无需抵押即可贷款的概念,格莱珉银行的运行模式与传统银行无异。而后者是全球第一家提供 P2P 金融信息服务的公司,是完全基于互联网网络技术的信息服务商,Zopa 宣称"摒弃银行,每个人都有很好的交易",成功地在借贷环节中直接连通融资人和投资人,将银行从借贷链中挤了出去。两者运行模式不同,但理念相同,即都是为未被满足融资需求的企业或者个人提供资金支持。

2006 年,师从尤努斯的北京大学数学系毕业的唐宁受到格莱珉银行商业模式的启发,创办"宜信",是最早将 P2P 信贷这一概念引入国内的人。但在当时,宜信的主营业务是从面对工薪阶层的培训开始的,并非传统意义上的 P2P,其 P2P 网贷业务的推出标志是 2008 年推出的"宜信 P2P 信贷服务平台"。

我国第一个真正意义上的 P2P 网贷平台是 2007 年成立的拍拍贷,成立于 2007 年 7 月,总部位于上海,是中国第一个历经几年摸索才上线的 P2P 基于互联网技术完成借贷的平台。

此后,P2P 网贷平台这种基于互联网技术的借贷服务在国内开始呈现出蓬勃的生命力。

4. P2P 网贷平台在中国经济环境中的优势

P2P 网贷行业在短时间内迅速发展得益于中国一直以来良好的经济形势。

一方面,民间贷款盛行,但要继续规范管理。另一方面,中国经济转型发展过程中出现了大量的私营企业和中小微企业,但这些企业无法通过银行获得融资,导致企业资金链断裂,企业发展受阻,它们要持续寻找一条融资之路帮助其自身发展。再加上当时中国的信贷行业发展快速,各类信贷产品层出不穷。P2P 网贷这种成本较低、融资更加便捷的方式自然在中国获得了市场,而且 P2P 网贷平台通过线上和线下的方式帮助投资人核实融资人或融资企业的信用情况和偿还能力,以确保投资人的利益,帮助急需规范的民间借贷走上了一条更加规范的路。

从这几个角度来看,P2P 在 2007 年引入中国,可谓天时地利人和。从中国 P2P 网贷行业和平台的发展来看,初期的 P2P 网贷平台既是国际上的 P2P 网贷平台模式的中国化,也是传统民间小额信贷的逐渐表面化和互联网化。但究其根本,P2P 网贷模式的本质还是金融,互联网技术和平台只是金融形式的一种新手段。

5. P2P 网贷平台在中国的迅速发展

2007 年,拍拍贷在上海成立并上线。

2008 年至 2009 年,P2P 网贷行业处于摸索期,进入该领域的公司较少,可统计的为 9 家,其中 2009 年正式上线运营的红岭创投是目前较为知名的一家。

2010 年 4 月,人人贷商务顾问(北京)有限公司成立,网站人人贷上线。截止到 2010 年 12 月,我国 P2P 网贷平台仅为 15 家。

2011 年,网贷行业进入快速发展期,并且引起银监会的重视,该年 8 月,银监会发布《人人贷有关风险提示的通知》,但其中并未把 P2P 网贷平台和该行业定为非法。同年,平安集团上线自有 P2P 平台——陆金所,而宜信也在这一年得到了数千万美元的融资。

2013 年,P2P 网贷行业进入野蛮生长的一年,网贷平台数量几乎以每天 1 至 2 家的上线速度增长着,截止到 2013 年年底,P2P 网贷平台已经有 523 家。也就是在 P2P 网贷平台疯狂增长的这一年,网贷平台倒闭潮也随之爆发,根据网贷天眼统计,2013 年 10 月至 11 月,集中倒闭了 50 多家 P2P 网贷平台。也就是在同一年,招商银行试水 P2P 行业,"小企业 e 家"悄然出现在招商银行网站上。

从 2008 年开始,国内 P2P 网贷平台逐步兴起,包括红岭创投、人人贷、e 借通等网络借贷平台如雨后春笋般出现,根据《中国 P2P 借贷服务行业白皮书》统计显示,截至 2012 年年底,我国 P2P 网贷平台已经超过了 200 家,可统计的 P2P 平台线上业务借款余额超过 100 亿元,投资人超过 5 万人。截止到 2013 年年底,整个行业平台交易额达到 1 100 亿元,与 2012 年相比,整个行业有八倍左右的增长。截止到 2014 年年底,全国已拥有 2 000 多家从事 P2P 业务的机构。

随着网络的发展和社会的进步,此种金融服务的正规性和合法性会逐步加强,在有效的监管下发挥网络技术优势,实现普惠金融的理想。

(二)国内 P2P 的"春秋时代"

1. 历史上的春秋时代

春秋时期,是中国历史上一个重要的变革时期,百家争鸣,百花齐放,思想得到了空前的解放和发展。当时中国人口虽然不多,却有 100 多个小国家,群雄争霸,诸侯纷争,列强并起,强国通过吞并弱小国家使国力得到进一步增强,国与国之间的竞争更加激烈。而如今国内 P2P 行业的形势就好似历史上群雄纷争的春秋时代。

2. 政府释放的小额信贷行业信号

自 2007 年开始 P2P 网贷行业进入中国,到 2014 年,国内 P2P 网贷行业已经走过了七个春秋,2015 年是 P2P 行业发展的第八年。P2P 崛起的大背景,是互联网在金融行业的快速发展。较高的收益迅速吸引了大量投资者,投资门槛低,是它受投资者追捧的主要原因。

互联网金融行业瞬息万变,网贷行业的新兴力量大量涌现,比如银行系、互联网系、国资系、保险系等,一些传统的 P2P 网贷平台也顺应时代和技术的发展作出了很多改变,整个行业在交融与竞争中快速地发展着。

2014 年,中国 P2P 交易规模高达 5 000 亿元,是 2013 年的五倍;P2P 平台数量逾 2 376 家。从 2013 年 P2P 网贷行业进入疯狂发展的时期开始,中国 P2P 网贷行业就开始进入了它的"春秋时代",2014 年更是 P2P 网贷行业风起云涌的一年。

互联网巨头、银行系、国资系选择进军 P2P 网贷行业的原因与政府的扶持政策密切相关。2012 年,党中央、国务院开始重视中小微企业的发展,出台了《关于支持小微企业发展的意见》,这是我国首次在国务院层面明确把"小微企业"发展作为文件主题,随后又出台了一系列相关的支持小微企业发展的政策措施。

2013 年,为了减轻中小企业的束缚,使中小企业特别是小微企业更好地进入市场,政府下放和取消了一批审批事项。自 2013 年 8 月 1 日起,我国对月销售额 2 万元以下小微企业暂免征收营业税和增值税,并在一些行业和地区进行"营改增"试点,惠及小微企业达 600 万家。2013 年政府出台 77 份文件,进一步营造推动和适合中小微企业发展的经济环境,根据《小微金融发展报告 2014》显示,我国有 43.1% 的小微企业享受到了税收优惠政策,如何创造更好的经济环境,促进中小微企业的发展仍是政府面临的一大问题。2014 年《中小企业税收发展报告》显示,由于近年来宏观经济持续下行导致市场低迷,中小微企业不得不加大投入资金技术进行创新和产品的升级换代,但在融资难的压力下,中小企业本就紧张的资金链更是面临断裂的风险。在 2014 年举行的博鳌亚洲论坛上,如何缓解小微企业"融资难"、"融资贵"成了热议话题。同时,中国银监会副主席阎庆民表示,除了继续把已出台的税收、金融优惠政策落实好以外,还应该适当扩大非信贷金融服务,提高小微企业股权融资比例,适当降低债务式融资。全国工商联专职副主席黄荣认为,金融系统需要变革,以提供更多针对小微企业的金融服务。

2014 年 4 月以来,国家针对小微企业负担重、融资难等问题接连出台相关财税及金融扶持政策。4 月初,国务院常务会议研究决定,将小微企业减半征收企业所得税优惠政策实施范围的上限,在年应纳税所得额 6 万元的基础上进行较大幅度提高,并将政策截止期限延至 2016 年年底。另一方面,财政部发布消息称,自 2014 年 1 月 1 日起,享受减半征收企业所得税优惠政策的小型微利企业范围由年应纳税所得额低于 6 万元(含 6 万元)提高到 10 万元(含 10 万元),享受所得减按 50% 计入应纳税所得额,按 20% 的税率缴纳企业所得税。随后,财政部会同工业和信息化部、科技部、商务部联合发布《中小企业发展专项资金管理暂行办法》,提出由中央财政预算安排,支持中小企业特别是小微企业科技创新、改善中小企业融资环境、完善中小企业服务体系、加强国际合作等多项要求。

其实,近几年来,我国推出的一系列优惠政策,无疑是给各大行业的巨头一个市场信号——中小微企业发展的经济环境逐渐好转,政府政策将大力支持,同时针对中小微企业的信贷市场也将是一块大蛋糕,这就引得各大相关行业纷纷进入 P2P 网贷行业。我国利率市场化的推进以及互联网金融市场的快速发展,都促进了 P2P 网贷平台的数量急速增长。

我们在前文提到的那些 P2P 网贷平台中,除了人人贷、拍拍贷、宜信和红岭创投外,其他平台都是 2012 年以来上线的,尤其是 2013 年和 2014 年政府优惠政策大量出台后,各大行业巨头纷纷进入 P2P 网贷平台。例如阿里巴巴、搜狐、招商银行等。随着各大巨头的各类产品进入 P2P 网贷行业,可以说现阶段国内 P2P 网贷行业的竞争就如同历史上春秋时期的各个国家、各个流派的竞争情形一样,百花齐放,百家争鸣,各路 P2P 网贷平台纷纷提出自己的平台模式,包括 O2O 模式、B2C 模式等纷纷争抢 P2P 网贷行业这一块蛋糕,并通过大数据等互联网技术提升平台的风控能力和融资人的信用审核能力,有些 P2P 网贷平台例如国资系的蓝海众投、银行系的小企业 e 家均利用背后的国资和银行优势基础抢占市场份额,有些平台进军全国 P2P 市场,另一些则专注本地区内的小微企业和农业的融资需求。各个平台模式、产品、背后资源各有不同,竞争也逐渐加剧。

3. P2P"春秋时代"各派系

近年来,P2P 网贷行业进入春秋时代,各大派系互相抢夺 P2P 市场。具体而言,本书将 P2P 网贷平台分为:传统系,主要是指最初创立的一些平台,例如拍拍贷、人人贷等;互联网系,指互联网巨头开发或投资的平台,例如积木盒子、余额宝等;保险系,指保险公司支持其发展的平台,最典型的就是陆金所;国资系,指具有国资背景的企业或者地方政府创立的平台,例如蓝海众投等;银行系,指的是银行的线上融资平台,比如民生银行的民生易贷、招商银行的小企业 e 家等。

(1) 传统系

P2P 网贷行业进入中国始于 2007 年,国内第一家注册的 P2P 网贷公司是拍拍贷,宜信、红岭创投、人人贷等 P2P 网贷平台继拍拍贷后陆续上线,如表 2-1 所示,本文将人人贷、拍拍贷、宜信、红岭创投这一系列的最早创建、上线的 P2P 网贷平台归为传统系。

表 2-1　传 统 系 代 表

P2P 网贷平台	上线时间	特　　　　点
拍拍贷	2007.06.17	中国第一家 P2P 网络信用借贷平台,也是第一家由工商部门特批,获得"金融信息服务"资质的互联网金融平台
宜　信	2007.10	债权转让
红岭创投	2009.03.17	收益较高
人人贷	2010.10.03	本金保障计划

资料来源:P2P 行业报告。

　　这一类平台经历了 P2P 网贷行业急速发展、平台跑路频发等发展阶段,依旧坚持至今。一方面证明了这些平台的模式是正确的,至少是符合现在市场需求的。人人贷追求诚信、透明、公平、高效、创新,这让它在用户中赢得了很好的口碑;宜信的创新模式帮助几千万小微企业主和几亿个经济上活跃的农户建立信用,释放信用价值,获取信用资金,并为他们提供培训等增值服务,宜信的债权转让模式是传统行业或者说 P2P 网贷平台中比较特殊的模式,但宜信的快速发展证明了这种模式在中国的可行性;红岭创投作为互联网金融服务平台,有效打破了传统金融机构理财产品的中间渠道,通过安全、高效的融资项目对接,将传统银行理财产品、信托产品的层层渠道资费以收益的形式返还给投资人,主要业务是中小企业和个人两方面的融资、投资业务。

　　一方面,这一批最早创立和上线的 P2P 网贷平台对融资者和投资者的洞察和需求更为了解,而且利用最新的互联网技术完善对融资人的信用审核、资金托管方式,避免平台资金池的生成,通过保障资金安全性等方式来适应行业的发展和市场的需求。人人贷、拍拍贷、宜信和红岭创投在发展过程中一直在进行各种技术创新,一直坚持可持续发展的思路。比如,人人贷建立的互联网时代的个人金融风险定价体系,即通过有效的个人信用模型和大数据挖掘,逐步建立并完善符合时代特征的个人金融风险定价体系,以实现对借款人诚信情况的进一步确认;拍拍贷于 2015 年 1 月推出"拍钱包"业务,率先实现了平台资金银行托管。

另一方面,这一类平台门槛低,收益较高,融资快,而且由于他们发展时间长,模式较为稳定,深受广大投资者认可。

以人人贷为例,人人贷于 2010 年 10 月上线,其最初模式与 Lending Club 基本相同,主要通过线上做小额信用贷款。2012 年 11 月,人人贷与线下兄弟企业"友信"整合为"人人友信",模式上开始向 O2O 靠拢:线下开发借款人,线上对接理财人,某种程度上与后来兴起的有利网(与小贷公司合作)、爱投资(与融资性担保公司合作)等平台类似。而人人贷中最具特色的项目是优选理财计划,投资人可以通过这个计划更加人性化地管理自己的投资资金。人人贷优选理财计划通过系统的强制设定,让用户的单笔投资金额,不能超过个人投资总资本的百分之五,从而达到分散风险的效果,这也是人人贷这一 P2P 网贷平台得到投资人信赖的原因之一。人人贷每一年的网站交易额都在提升,而且平均投标利率稳定在 13% 左右(见表 2-2)。凭借庞大的用户体量和网站交易额,2014 年年初,人人贷获得来自挚信资本领投的 1.3 亿美元融资。

表 2-2 人人贷的年度报告

年　　份	2012	2013	2014
网站交易额(亿元)	3.54	15.6	37.2
理财人平均投标利率	13.6%	13.07%	12.36%

资料来源:人人贷官网。

虽然 P2P 网贷平台的网站交易额居高不下,但从市场体系看,互联网金融并没有对传统银行造成实质性冲击,因为 P2P 网贷行业与传统银行服务的并不是一类融资人,银行主要服务于有强大的背景、良好的市场前景和偿债能力的企业,而大部分中小微企业并不具备这些条件,P2P 网贷平台恰恰正是服务这部分企业和个人的,因此说互联网金融尤其是 P2P 网贷行业不会对传统银行形成较大冲击。而且,与传统银行相比,互联网金融的突出优势是短期内利率较高,去掉借贷链中银行这个环节,使借贷更加便捷;而传统商业银行具有更好的融资和信用审核模式。

现在很多传统系的 P2P 网贷平台为了更好地进行自律监管和保障用

户的利益,开始与传统的商业银行合作,比如人人贷与招商银行股份有限公司上海分行就人人贷风险备用金托管问题正式签署协议,合作中招行上海分行会对人人贷的风险备用金专户资金进行认真、独立的托管,并针对风险备用金专户资金的实际进出情况每月出具托管报告。自 2014 年 1 月 1 日开始,人人贷每月公布风险备用金的情况,供用户监督。

传统系 P2P 网贷平台依附于银行做资金托管,一方面,网贷平台要避免形成资金池,被行业诟病的风险;另一方面,做资金托管的首选是银行,因为银行有更完善的资金管理系统。传统系 P2P 网贷平台和银行合作,并不是因为传统系 P2P 网贷平台市场前景不佳,而是 P2P 网贷平台和银行正在相互促进和交融,在未来,金融和互联网将深度融合,而传统银行和互联网金融是互补关系。

(2)银行系

除了资金托管的优势外,银行的风控能力以及融资渠道都具有明显的优势,这也促进了银行系 P2P 网贷平台的产生。表 2-3 中是从 2012 年至 2014 年陆续出现的有银行背景的 P2P 网贷平台。

表 2-3 银 行 系 代 表

P2P 网贷平台	银 行	上线时间	特 点
开鑫贷	国家开发银行	2012.12.08	国有准公益性社会金融服务平台
金开贷	国家开发银行	2013.12.31	国资和银行的双重背景
民生易贷	民生电商	2014.04.19	国资和银行的双重背景基于精准大数据,打造有机融合电子商务与金融活动的生态圈,向中小微企业及个人提供高品质的互联网金融服务
小马 bank	包商银行	2014.08.28	国内首家银行系综合性智能理财平台
e 融 e 贷	兰州银行	2014.10.28	为个人提供投资服务和为企业提供融资服务的平台,e 融 e 贷投融资平台基于 P2B 业务模式,由兰州银行与广东优迈信息通信股份有限公司共同打造,致力于为小企业提供便利的融资渠道,为个人客户提供安全优质高收益的投资项目

P2P 网贷平台	银　行	上线时间	特　　点
小企业 e 家	招商银行	2014.10.28	收益较低
融 e 信	江苏银行	2014.11.08	江苏省信用再担保有限公司提供全额担保
民生转赚	民生电商	2014.12.01	面向个人的资产权益流转平台
民贷天下	民生银行	2014.12.23	实缴资本 1 亿元人民币,是国内屈指可数的亿元级互联网金融平台

资料来源:互联网用户评价。

　　银行系凭借自身在风控模式、流程管理方面的优势以及银行原有的中小客户,使其平台上更具规模,项目更加可靠。相比于传统系 P2P 网贷平台,银行系的平台多依靠背后银行的资源,包括技术支持、信用审核、风险控制等方面,以极高的安全保障吸引投资人。

　　银行依据自身的优势为项目增信,例如江苏银行的融 e 信项目就是由江苏省信用再担保有限公司承担全额连带担保责任;小马 bank 则在制度建设、风控模式、流程管理等方面均依据最严格的银行安全级别,通过多流程资金托管确保投资人的资金安全。小马 bank 仅供客户进行理财投资,没有任何汇款、支付等渠道造成资金损失的可能,在资金提现环节,均要求所有提现资金必须进入和客户身份验证相一致的银行卡方可以操作;对于小企业 e 家,招商银行会帮助其对融资项目及融资人相关信息的真实性进行见证,该平台还委托中国银联和中国金融认证中心旗下的中金支付有限公司作为第三方支付机构以确保资金的安全。

　　银行系 P2P 网贷平台在安全上的多重投入以及银行的背景原因,其平台上的产品利率低于传统系,平均投资利率为 6.4% 左右。而且对于银行体系来讲,传统的商业银行还是以服务大企业为主,现在推出的在线平台多是着眼于培养中小微企业逐渐成长为大企业,为将来的银行投资、融资建立基础。对比已有的几个银行系 P2P 网贷平台,其中比较有优势的是民贷天下、小马 bank、e 融 e 贷、小企业 e 家等。上文中提到,政府政策、经济环境都催生了更多的 P2P 网贷平台的诞生,其中就包括银行系 P2P

网贷平台。

（3）互联网系

与传统系 P2P 网贷平台从民间崛起不同,和银行系依靠自身的风控模式、资金托管和全额连带担保责任推出的 P2P 网贷产品类似,互联网系 P2P 网贷平台也是背靠互联网系巨头,其中的代表平台见表 2-4。

表 2-4　互联网系代表

P2P 网贷平台	互联网巨头	上线时间	特　　点
小米积木盒子	小　米	2013.08.07	风控能力较强
余额宝	阿里巴巴	2014.02.08	用户量较大
招财宝	阿里巴巴	2014.04.03	产品风险较低
新浪微财富	新　浪	2014.04.22	与其他平台对接
搜易贷	搜　狐	2014.09.02	购房"首付贷"

资料来源：互联网用户评价。

互联网系 P2P 网贷平台分为两类,一类是互联网巨头推出的 P2P 网贷平台,比如阿里巴巴的余额宝、招财宝,搜狐的搜易贷以及新浪的微财富,另一类是互联网巨头投资已有的 P2P 网贷平台,这一类的代表是小米积木盒子。不论是哪一类 P2P 网贷平台,互联网系 P2P 网贷平台都依靠互联网巨头,借助他们的技术、流量、用户大数据等优势进驻这个行业。

综合来看,互联网 P2P 网贷平台有以下特点:

① 庞大的技术支持。P2P 网贷平台是借助互联网技术的新型金融模式,技术是平台的根本,而互联网企业就拥有这样的技术优势。例如搜易贷的核心团队均来自知名 IT 企业及金融机构,拥有丰富的互联网及金融行业经验。再比如招财宝依靠蚂蚁金服(阿里巴巴旗下的公司)的金融大数据、云计算基础能力,在融资人、投资人与理财产品发布机构之间提供居间金融信息服务,以帮助各方完成投融资交易信息撮合。

② 借助互联网巨头的资源聚焦新市场。例如搜易贷,搜易贷是搜狐矩阵中的重要一环,其他矩阵成员有搜狐焦点网、搜狗、搜狐畅游、ChinaRen 等,搜易贷与其中的搜狐焦点网合作进军房贷市场,推出"首

付贷"和"首付贷＋"两代产品,为开发商带来了大量还款能力强、购房意愿高的用户,强力地推动了楼盘的销售,并借助其他环节导流到搜易贷上。

③ 利用互联网巨头的平台和生态圈获得新的融资人和融资需求。例如小米积木盒子。小米在逐渐建立它的智能硬件生态链的同时,向创业者开放小米平台,在小米平台上开发软件和硬件的创业者多是需要融资的小微企业甚至个人,那么积木盒子和小米的合作,一方面能获得小米的资金支持,另一方面,小米可以将创业者的融资需求导流到积木盒子上,达到双赢的效果。

(4) 国资系

互联网金融的异军突起,令 P2P 网贷行业成为投资明星,而风险事件的频频爆发又把这一行业推上了风口浪尖。令投资人、融资人兴奋的是,国有资本也在进驻这个行业,而且国有资本也受到更多投资人的信赖。

随着 2013 年 10 月乾袋网的上线,国资系正式进入 P2P 网贷行业。国资系进入 P2P 网贷市场的最大优势是公信力强、资金实力、资源较为丰富、风控更为严谨。很多稳健投资者在选择平台时更看重平台的风险能力,因此,背景雄厚且运营规范的国资成为此类投资者的选择之一,代表平台见表 2-5。

表 2-5 国 资 系 代 表

P2P 网贷平台	设立地区/股东	上线时间	业 务 范 围
乾贷网	贵阳市 贵州省中小企业服务中心旗下机构	2013.10.21	优选理财
融通资产	江西省赣州市 赣州发展投资有限公司	2014.01.22	车贷、个人信用贷、中小企业贷、债权流转
金粮宝	重庆市 重庆粮食集团巴南区粮食有限责任公司	2014.07.22	中小企业贷
蓝海众投	广东省佛山市 广东股交中心	2014.08.01	其他类

续　表

P2P 网贷平台	设立地区/股东	上线时间	业 务 范 围
中广核富盈	深圳市 中国广核集团	2014.01.01	车贷及其他
投促金融	四川省成都市 四川省投资促进会	2014.11.13	债权流转
汇付四海	云南省昆明市 云南物流产业集团 投资控股有限公司和 云南报业传媒 (集团)有限公司	2015.02.10	中小企业贷

资料来源：互联网用户评价。

　　上述国资系 P2P 网贷平台多为国有金融企业设立，除了中广核富盈外，其他几家均有国有金融企业背景，其背后的公司如上表所示，但中广核富盈的定位是特殊的，中广核将其平台定位于开展"中广核上下游供应链金融服务"。

　　国资系平台开创至今的成绩也很受瞩目，比如国家开发银行总行和江苏省政府发起筹备的国家队开鑫贷截止到 2015 年 10 月底，成交规模已突破 130 亿元；众信金融上线半年后，交易规模已达 14 亿元，单日成交量突破 4 000 万元。但是国资系 P2P 网贷平台也存在很多问题，比如平台的网络营销不力，陕西金控和陕西银行发起的金开贷总裁段嘉奇就指出最困扰的还是平台的宣传推广问题。很多 P2P 平台都是通过烧钱来进行宣传推广，但国资系平台受到背后国资的影响，它们不会采取激进的宣传推广战略，同时也不会采取烧钱的推广方式，所以说在宣传推广上面，国资系有一定的局限性；国资系 P2P 网贷平台面临的另外一个问题是资金和优秀的项目进驻，其中的症结在于平台的局限性高，多是专注于当地的中小微企业和农业的发展，很难吸收更多的优秀项目。

　　（5）保险系

　　通过本书的介绍和总结，我们发现不论是在不断创新、寻求存活之道的传统系，还是依靠各大巨头发展的互联网系和银行系，都出现了很多模式和产品类似的 P2P 网贷平台,但有一种系别的 P2P 网贷平台很特殊,这就是保险系 P2P 网贷平台,到目前为止,保险系只有两家——陆金所和 2015 年成立的惠金所。

表 2-6　保 险 系 代 表

P2P 网贷平台	保险公司	上线时间	特　　点
陆金所	中国平安集团	2012.06.01	香港联合交易所主板及 上海证券交易所两地上市公司
惠金所	阳光保险集团	2015.06	国内七大保险集团之一

资料来源:互联网用户评价。

陆金所是中国平安集团下属全资 P2P 网贷平台,而且上线时间较早。陆金所将借款标包装成理财产品,投资人不知道借款人的信息,投资的产品也是平安陆金所重新命名和重新设计的"理财产品"。换言之,就是陆金所先对外放贷,再把收到的借款的项目归类打包成不同的理财产品推送给投资人,投资人无法辨别理财产品的风险度,只能依据陆金所的担保机制和信誉背书而投资。而陆金所则运用保险系严格的风险管理,明确分离了平台的资金和客户投资的资金,并且引入第三方支付机构进行资金管理,为投资人营造了一个值得信赖的投资环境。

惠金所是阳光保险集团投资 5 000 万元资本金打造,欲与行业老大哥陆金所媲美的互联网金融平台。惠金所定位于为包括 P2P、C2C、B2C、B2B 等类型金融资产交易提供信息服务。惠金所上线初期的产品分为理财和票据两部分,理财产品分为稳健收益一号系列和二号系列,票据仅有一种"商承保盈"商业承兑汇票。目前,惠金所在线产品只有理财产品——阳光惠理财和转让专区,其中理财产品类型都是融资后委托专业的资产管理公司进行投资,投资用于某公司的债权转让或者第三方非银行金融机构发行的资管产品。对于资金的应用还是交由专业的金融机构进行打理,在降低风险的同时对于客户的选择也较为局限。惠金所上线的产品普遍都选择由借款方兼任担保方,债权转让公司、发行资管产品的公司以承诺到期回购并差额补足的方式进行担保,对于票据投资产品则由第三方公司出具担保函。

　　针对五大派系各自特点而言,银行系在风控模式、流程管理方面都非常规范,其项目大多来源于银行原有的中小客户,项目综合资质和水平更具规模性和可靠性;互联网系背后股东资金实力强劲,但互联网公司多是跨界空降,主营与金融行业相差甚远;国资系公信力较强,主要服务于小微企业,但投资门槛相对较高;保险系主要特点是采用严格的风险管理,针对借款人全部采用线下验证的方式,严格分离客户资金和平台自有资金,全部由第三方支付机构进行资金管理;传统系门槛最低,50 元或 100 元就能起投,但收益相对较高。

　　根据《中国 P2P 借贷服务行业白皮书 2014》中对 2013 年 P2P 行业的发展状况进行的总结,2013 年 P2P 行业不仅在交易额上有了飞速的发展——线上平台交易额为 1 100 亿元左右,线下交易额为 700 亿元至 800 亿元左右;而且在行业和平台出现了模式的分化,包括新兴的 O2O 模式和 P2B 模式,围绕着不同模式和平台的企业有各自的核心竞争力;针对 P2P 行业是线上模式还是线下模式更为正规这个问题,《白皮书》认为线上和线下的融合会成为重要的发展趋势。

　　2014 年,国内 P2P 网贷行业进入快速发展时期,仅 2014 年一年,国内的 P2P 网贷平台就增加到了 2 000 多家,交易规模达到 2 500 亿元人民币。根据美国权威 P2P 研究机构预测,2015 年中国 P2P 网贷平台数量或猛增至 4 000 家甚至 1 万家。①

　　2014 年,中国 P2P 网贷平台交易规模高达 2 500 亿元,是 2013 年的 2.5 倍,P2P 网贷平台数量逾 2 376 家,其中,获得风投青睐的平台达 32 家,包括阿里、腾讯、百度、联想、海尔、搜狐、凤凰等在内的行业大鳄扎堆进军 P2P 领域。初步统计,目前已有熊猫烟花等 20 多家上市公司涉足 P2P 网贷平台,而"银行系"背景的 P2P 网贷平台已出现 12 家。

　　2014 年年末,银监会逐渐将 P2P 行业纳入监管,并逐步细化监管细

---

① 　社科院. 2015 年中国 P2P 平台发展势头将更猛, http://mt.sohu.com/20150228/n409220163.shtml.

则，与此同时，资本市场开始布局 P2P 网贷行业，红杉资本、软银中国、挚信资本等中外风投公司都在中国 P2P 网贷行业有所布局。监管和资本的介入促使国内 P2P 网贷行业的商业模式、线下资产、数据化风控等实现了快速发展。行业代表性的巨头企业逐渐发力抢占更多的市场，相信在不久的将来，随着 P2P 春秋时代的结束，中国 P2P 行业兼并重组的时代也必将形成。

"目前中国至少有 5 000 万家中小微企业需要借助 P2P 来解决融资难题。面对如此庞大的市场，资本嗅到 P2P 行业的商机，抢食 P2P 这个大蛋糕是大势所趋。"深圳市人大代表、迪蒙网贷系统 CEO 向隽表示，李克强总理 2015 年首访便是视察互联网金融企业，这预示着 2015 年以 P2P 网贷为代表的互联网金融将迎来真正的发展春天，风投、银行、国资、上市公司、互联网巨头等各路资本大鳄将加速涌入，P2P 春秋时代大有可为。

4. 春秋时代里，那些"前赴后继"的 P2P 网贷平台

从 2014 年年末开始，政府开始关注 P2P 网贷行业，并出台了相关文件和政策管理 P2P 网贷平台，但在这之前，P2P 网贷行业一直处于无准入门槛、无行业标准、无监管措施的"三无"市场状况，有依靠各种靠山的 P2P 网贷平台，也有白手起家的 P2P 网贷平台，各平台也有自己的模式和产品组合，整个行业鱼龙混杂，标准难以统一 。很多 P2P 网贷平台风控模式不健全，平台构建不合理，出现平台安全漏洞或融资人无力偿还债务、平台又不愿意垫付资金等现象。在出现了融资人不能偿还投资人资金的问题时，最终只能是投资人遭受损失。

P2P 网贷行业在其他行业从业人员看来发展如火如荼，不断有新人和新兴的平台进驻这个市场，但这背后隐藏的是监管不力和成文法律的缺失等问题，缺乏有效的监管机制，这在一定程度上导致了多家 P2P 网贷行业接连发生平台"跑路"的现象。

2014 年 1 月至 12 月，就有 287 家 P2P 网贷平台出现倒闭、"跑路"、提现困难等各种问题(部分问题平台名单见表 2-7)，这些平台普遍具有以下特点：平台上线不久、高收益、超短期项目较多、单个项目融资金额过大和股东实力较弱等。

表 2－7　部分问题 P2P 网贷平台名单

P2P 网贷平台	爆发时间	出现的问题
广融贷	2014.01.02	限制提现,债权转股权
富豪创投	2014.01.06	提现困难
中银资本	2014.01.15	提现困难
中贷信创	2014.01.16	法人"跑路"
大地贷	2014.02.13	运营不善,关闭
窑湾贷	2014.02.19	上线不到五天,终止运营
速速贷	2014.02	运营不善,关闭
南岭财富	2014.02	运营不善,关闭
中宝投资	2014.03.14	涉嫌经济犯罪
元壹创投	2014.03.15	上线一天"跑路"
大家网	2014.03.25	涉嫌违规操作
铭胜投资	2014.04.02	涉嫌诈骗
钱海创投	2014.04.14	涉及债权纠纷,暂停运营
旺旺贷	2014.04.15	法人"跑路",疑诈骗
卓忠贷	2014.04.17	运营不善,关闭
信誉财富	2014.05.06	法人"跑路"
日升财富	2014.05.04	提现困难
中信创投	2014.05	法人"跑路"
股民贷	2014.05	法人"跑路"
科讯网	2014.06.01	法人"跑路"
网金宝	2014.06.05	法人"跑路"
光大富尊	2014.07.10	法人"跑路"
亚盛财富	2014.07.25	提现困难
龙华贷	2014.08.06	法人"跑路"
信邦财富	2014.08.12	法人"跑路"
普惠理财	2014.10.09	法人"跑路"
利民网	2014.10.22	法人"跑路"
……		

资料来源:理财中国网。

　　P2P 行业第一家"跑路"发生在 2012 年 12 月,2012 年 8 月上线的优易网在四个月后关停,涉案金额达到 2 000 万元,60 位投资人受害。发展至今,P2P 网贷平台"跑路"的现象已屡见不鲜。据数据统计,"跑路"平台的运营时长均在六个月以下,其中比重最大的是运营三个月内就出现"跑路"的平台。因准入门槛低、短期内能获得丰厚回报,加之监管不明朗等原因,致使 P2P 网贷平台问题频现。

　　2014 年,P2P 网贷平台"跑路"速度屡屡刷新,2015 年伊始,行业各大平台也纷纷曝出坏账,例如红岭创投 2014 年曝出 1 亿元坏账后,紧接 2015 年年初又曝出 7 000 万元坏账;陆金所也曝出了 2.5 亿元的坏账。但这并不影响投资人的投资热情,只会让投资人更加谨慎地选择平台和投资项目,同时也没有影响巨头布局 P2P 网贷行业的热情。

　　虽然"跑路"问题频发破坏了 P2P 网贷行业的市场形象,但从另一个角度来看,这些存在各类问题的 P2P 网贷平台以"跑路"、关停等形式逐渐退出了 P2P 网贷行业,这是一个大浪淘沙的过程,大浪淘沙之后,留下的就是具有良好风控模式、过硬信用审核机制等优势的平台。再加上政府的介入和监管的加强,P2P 网贷行业会逐步走上健康的轨道。而目前这个阶段或许不能排除有些心存侥幸、道德缺失的"骗子"想趁机捞取一笔。虽然"跑路"频发,但我们相信随着政府对互联网金融的关注,以及对 P2P 网贷行业的政策倾斜,"跑路"的问题很快就会得到解决,健康的行业生态环境一定会形成。

三、国内 P2P 行业的高速发展期

（一）传统民营系中的千军万马

1. 人人贷：粮草先行，"大腿"常在

人人贷（renrendai. com），系人人友信集团旗下公司独立品牌。2010年5月正式上线。截止到2015年上半年，人人贷的服务已覆盖了全国30余个省的2 000多个地区，成交金额超过115亿元，服务了100多万名客户，成功帮助他们通过信用申请获得融资借款，或通过自主出借获得稳定收益。[①]

人人贷旨在打造一个人人参与、人人自由、人人平等的互联网个人金融服务平台。作为中国最早的一批基于互联网的 P2P 信用借贷服务平台，人人贷以其诚信、透明、公平、高效、创新的特征赢得了良好的用户口碑。现在，人人贷已成为行业内最具影响力的品牌之一。

人人贷作为网络中介服务机构，发挥自身优势，自上线以来，陆续推出多个特色理财产品。2012年5月开发了智能理财标，7月开发了机构担保标，12月上线了优选理财计划；2013年10月14日推出全新的人人贷网页，并上线债权转让功能；2014年6月，平台手机客户端上线，9月，全新 U 计划上线。截止到2015年4月，人人贷 P2P 网贷平台上理财产品分为三类：U 计划、散标投资、债权转让。

（1）U 计划

U 计划取代了之前的优选理财项目，是人人贷推出的便捷高效的自动

---

① 参见人人贷官网，http://www.renrendai.com/about/about.action?flag=intro.

投标工具。U 计划在用户认可的标的范围内,对符合要求的标的进行自动投标,且回款本金在相应期限内自动复投,期限结束后 U 计划会通过人人贷债权转让平台进行转让退出。该计划所对应的标的均 100% 适用于人人贷本金保障计划并由系统实现标的分散投资。出借所获利息收益可选择每月复投或提取,更好地满足用户多样化的理财需求。

U 计划有以下特点:

① 与原来的优选理财项目相比,U 计划支持提前退出。

② 收益稳定,预期年化收益率最高达 11%。

③ 低门槛,最低 1 000 元起。

④ 资金安全,投资标的适用本金保障计划。

⑤ 系统优先投标,精选优质债权,省心省力。

(2)散标投资

平台提供信用认证标、机构担保标、实地认证标等多类产品,用户根据审核后的信息,自选合适的借款标的,构建符合个人意愿的投资组合。

投资散标与 U 计划不同,散标是不同人投资同一个项目,按照个人的意愿进行投资组合,而非系统自动进行投标。与 U 计划相比,散标的门槛更低,期限更短。

投资散标有以下特点:

① 标的年化利率区间为 7% 至 24%。

② 投资标的适用本金保障计划。

③ 期限灵活,3 至 36 个月。

④ 50 元起投,可小额多笔投资,分散风险。

⑤ 债权持有 90 天以上,可进行转让。

(3)债权转让

债权转让产品是人人贷平台在 2014 年下半年上线的一款投资产品。该产品由平台提供债权转让功能,用户可自行转让资产组合中符合条件的债权,也可购买其他用户转让的债权,从而获得折让收益及借款标的后续收益。

最先采取债权转让模式的是宜信,但宜信首创的是线下债权转让模式,将某一自然人作为第一出借人,由有闲置资金的第一出借人先放款给需要借款的用户,然后再把获得的债权打包成类固定收益的产品,并将其销售给投资理财客户。这一模式让宜信备受关注,也有很多 P2P 网贷平台效仿,很多投资人和研究 P2P 网贷行业的人从道德、法律的角度质疑这一模式,称宜信会在其中形成资金池,而且存在极高的道德风险。而人人贷开展的线上债权转让业务是为了帮助用户提高投资的流动性,在需要流动资金的时候,通过出售其名下拥有的符合相应条件的债权给其他投资人,从而形成转让获得流动资金,这一过程和宜信的线下债权转让有很大的不同,但也存在道德风险等问题。

就目前人人贷的三款投资产品看,债权转让有以下特点:

① 提供转让功能,增加资金流动性。

② 债权持有 90 天后即可进行转让。

③ 债权转让次数不限。

④ 寻找折价债权,获得更多折让收益。

⑤ 无投资门槛。

随着人人贷产品的迭代创新,人人贷始终保持着不错的平台交易额,而且占领着重要的行业地位。

我们在第二章中提到,传统系的 P2P 网贷平台普遍门槛低,利率高,作为典型传统系 P2P 网贷平台的人人贷,其投资产品的利率一般保持在13%左右,这也吸引了不少的投资人选择人人贷。但高利率并不是吸引投资人的唯一原因,P2P 网贷"跑路"事件频发,再加上对中国经济和投资行业了解的增加,投资人在选择平台和理财产品时更加理性。对于平台的风控模式和对借款人的信用审核机制的关注度也在提高。

2012 年,人人贷实现了贷中跟进、案例分析、电话催收、实地催收有序开展的阶梯型贷后管理体系;2012 年年末,人人贷与友众信业合作推出了实地认证标,通过友众信业分布在全国多个城市的实体门店实现了部分用户的实地认证,增强了实地获取信息及对用户还款行为的可控性,以数据结合实地认证,结合客观分析和经验判断,进一步提高产品的安全性。

随后,人人贷在完善已有信用审核机制的基础上,推出了《本金保障计划》。完善之后的信用审核机制分为两步：第一步，严格的贷前审核。在客户提出借款申请后，人人贷会对客户的基本资料进行分析。通过网络、电话及其他可以掌握的有效渠道进行翔实、仔细的调查，避免不良客户的欺诈风险。在资料信息核实完成后，根据个人信用风险分析系统进行评估，由经验丰富的借款审核人员进行双重审核确认后最终决定批核结果。第二步，完善的贷后管理。如果用户逾期未归还借款，贷后管理部门将第一时间通过短信、电话等方式提醒用户进行还款。如果用户在五天内还未归还当期借款，人人贷将会联系该用户的紧急联系人、直系亲属、单位等督促用户尽快还款。如果用户仍未还款，交由专业的高级催收团队与第三方专业机构合作进行包括上门等一系列的催收工作，直至采取法律手段。

人人贷作为 P2P 行业的领军品牌之一，在个人金融服务方面积累了较完善的风控体系和良好的品牌口碑。

2013 年 6 月 28 日，上海资信网络金融征信系统①正式上线，人人贷随之作为小额信贷联盟理事会委员加入该系统并积极开展工作。

2013 年 12 月 31 日，人人贷与招商银行正式签署风险备用金银行托管协议。

2015 年 1 月 10 日，人人贷商务顾问(北京)有限公司(以下称"人人贷")与中国民生银行股份公司(以下称"民生银行")在京正式签署战略合作协议。协议约定，民生银行将为人人贷提供网络交易资金委托管理服务，双方将充分发挥各自在技术、风控、资源以及系统建设等方面优势，共同寻求双赢的创新合作模式。未来，人人贷用户将在民生银行建立个人账户，从账户资金流到资金结算等环节均得到民生银行全方位托管，从而实现人人贷平台与用户资金的隔离，避免用户资金被挪用的风险，进一步提升用户账户的安全性和 P2P 平台运营的透明度。②

反观人人贷融资之前的发展过程，我们可以看到这是一个以退为进的过程。在起步阶段主要模仿 Zopa、Lending Club 的纯线上模式，单纯地从

---

① 上海资信网络金融征信系统提供了联盟内企业间的借款信用信息共享，帮助业内机构防范借款人过度负债，降低坏账损失。
② 参见人人贷官网，http://www.renrendai.com/about/detail.action?news_id=news_327.

互联网上完成对投融资双方的交易,没有线下的销售人员,但这个模式在中国有一个致命的缺点——很多需要融资的传统的小企业根本不可能了解到这种方式。为了克服这一弊端,2012 年,人人贷与友信贷款合并,借助友信的线下渠道,将线上与线上相结合,一方面模仿宜信收取贷款手续费,另一方面通过线下的渠道寻找融资方,再将其转移到线上。人人贷合伙人杨一夫曾表示"互联网现在还没到创造金融需求的时代,要先适应环境",这或许是人人贷选择线上线下相结合的重要原因。

事实证明,人人贷这样的选择是正确的。除了 2010 年 6 月获得弘合基金数百万元天使投资,2015 年 1 月 9 日,人人贷所属集团人人友信正式对外宣布已于 2014 年年底完成 A 轮融资,领投方为挚信资本,投资总额为 1.3 亿美元,是中国互联网业最大一笔 A 轮融资。挚信资本是一家专注于投资中国市场的境外投资基金管理平台,挚信资本合伙人李曙君表示:"随着国内经济发展,国民收入的增加以及借贷渠道的拓宽,互联网金融的蓬勃发展将是大势所趋,人人贷在行业内的优势十分明显,潜力巨大,我们愿与人人贷一起推进中国互联网金融以及个人信贷信息服务行业的发展。"挚信资本的领投和李曙君的发言都说明了人人贷的模式得到了投资人的承认,而人人贷也"抱上了"挚信资本的这条"大腿"。

2. 宜信:真伪 P2P 游走监管边缘

第二章中我们提到,世界上第一个提出个人小额信贷理念的是尤努斯。2006 年,曾师从尤努斯的唐宁在北京创立了中国首家 P2P 小额信用贷款服务机构——宜信。可以说,宜信是我国第一家做小额贷款的企业,但是由于宜信最初的模式并不是单纯的线上信贷,不像人人贷一样先采取单纯的线上模式,再逐步向线上和线下结合的方式转移,而是从一开始就采取线下的模式。所以我们一般不说宜信是我国第一家线上的 P2P 网贷平台。

宜信公司创建于 2006 年,总部位于北京。成立以来,宜信致力于成为中国普惠金融、财富管理及互联网金融旗舰企业,坚持以模式创新、技术创新和理念创新服务中国高成长性人群和大众富裕阶层。宜信发展飞速,2008 年至 2010 年每年的增长率都达到了 200% 以上。到了 2013 年,宜信已经成长为全球交易量最大的 P2P 平台。而 2007 年上线的拍拍贷,2013年上半年的交易量只有 2 亿多元,远远低于宜信的网站交易量,其中最大的一个原因是拍拍贷没有线下业务,不对借款进行担保,是单纯的 P2P 网贷平台。

支持宜信迅速发展、与其他 P2P 网贷平台截然不同的是其"有中国特色的"平台模式:线下债权转让。宜信的债权转让模式其实是利用了我国《合同法》第 80 条的规定:"债权人转让权利的,应当通知债务人,未经通知,该转让对债务人不发生效力。"但宜信的做法是,由宜信控制人——唐宁以其个人名义充当资金中介,借款人向唐宁个人借款,然后唐宁再将为数众多的债权分拆、用不同期限组合等模式打包转让给真实资金出让方,从中赚取高额息差,也就是说,唐宁可以以个人借款的方式借给借款人100 万元,从而获得了一笔 100 万元一年期的债权,然后再通过宜信的平台把这笔债权进行金额和期限两个方面的划分,划分之后,100 万元债权的销售难度就降低了,再加上宜信的担保机制和信用审核机制,对社会上闲置的资金具有很大的吸引力。但宜信这种方式让其本身无法独立于交易之外,而是成为一个中介资金的枢纽平台,也就是我们说的"影子银行"。

很多人说,宜信完善的担保机制、风控模式以及信用审核方式让宜信有了壮大的资本。下面就来看一下宜信的担保机制、风控模式以及信用审核方式。

第一,保障金和本息担保机制。宜信的运作模式使得宜信对借款人的掌控力度更强,出借人一般不参与审核,和借款人没有合同,只有和宜信这个第三方的债权转让合同。为了保护出借人的资金安全,宜信承诺一旦出现借款不还的情况,宜信会从公司提取的保险金里出钱,赔偿出借人的全部本息。这是宜信对出借人做出的最大资金保障。

第二,信用审核方式。宜信采取的是线上与线下相结合的借款人的信用审核机制。一方面利用线上大数据分析借款人线上的诚信记录,另一方面借助遍布全国的网点对借款人的信用情况进行实地调查。2014 年,宜信宜人贷更是突破了传统的信用审核流程,创新地通过互联网数据调取和分析,提升了审核的效率和精准度。用户通过宜信宜人贷借款 APP 的极速模式申请借款,仅需授权信用卡账单接收邮箱、电商网站、手机运营商三项数据,即可在 10 分钟内快速获知审核结果,迈出了真正意义上的大数据信用审核的第一步。

宜信在全国的网点共覆盖了 100 多个城市和 20 多个农村地区。宜信通过这些网点的销售队伍为出资人做理财,信贷员队伍去审核借款人,以保证信息可靠和贷款质量,为宜信线上的信用审核提供实地调查的支持。

第三,风控模式。作为还款的有力保障,宜信采取的分散贷款和每月还款制度,较大限度地保障了有效还款。2011 年,宜信借助费埃哲公司在国际市场的风控经验和多年来在帮助中国银行业机构进行风险控制过程中所积累的本地经验,与费埃哲公司合作开发了宜信第一个版本的申请评分卡,这为宜信的风险管理技术和能力的提升带来了很大的帮助。其中宜信宜人贷通过分析大量正常客户与逾期客户的申请资料,找出逾期客户可能具有的特点,进而识别出可能出现逾期的客户,从而拒绝申请,做好风险控制。区分用户间的特点,并寻找这些特点的过程就是建模。在大数据风控建模中,一切数据都是客户的信用数据,因而使用尽可能多的有效数据,可以提高建模的准确性。基于宜信多年来积累的大数据信息,宜信宜人贷得以在足够大规模的数据中利用智能化决策系统,由计算机自动完成建模,提高了借款用户筛选的精准性,增强了宜信宜人贷的风控能力。

宜信这种基于中国特殊国情的"有中国特色的"平台模式也受到了资本的青睐。2010 年,宜信获得来自凯鹏华盈千万美元级别的投资;2011 年 9 月,宜信又获得了来自 IDG 和摩根士丹利高达几亿美金的第二轮投资。

完善的风控模式和信用审核机制都是为了吸引更多的人选择宜信及其平台上的项目。也有很多人认为宜信的债权转让模式是利用了期限和资金的错配,让自己变成了一家"影子银行"。这也让宜信"真伪 P2P 网贷平台"这一身份饱受争议,甚至有人认为宜信一直处在法律监管的边缘。

笔者秉持的观点是:互联网金融行业,金融是核心,互联网只是一种实现方式。对于宜信的线下债权模式是否是真的 P2P 网贷,本书认为国内没有从法律政策的层面上界定 P2P 网贷平台的概念,P2P 应该是一个什么样的模式,国内外也没有一个明确的说法,在国外,有 Prosper、Zopa、

Lending Club 等模式,国内"有中国特色的"宜信模式、以陆金所为代表的担保模式等。因此在概念上无法确定宜信是不是 P2P,对真伪 P2P 网贷平台的讨论也是不需要的,我们认为"存在即是合理"。

　　但宜信特殊的运作模式——线下信用审核和债权转让的模式确实是在行业受到质疑的关键,也是被认为宜信处在法律监管边缘的原因。首先,线下信用审核和债权转让的模式相当于是宜信建了一个前文提到的"资金池"。宜信在很多公开资料中对平台的定位是服务机构,旨在更好地帮助出资人和借款人进行匹配和促进交易,宜信没有也不会参与资金的运作,但实质上,宜信的 CEO 唐宁作为第三方介入了借款人和贷款人的资金流通。其次,传统意义上,P2P 网贷平台是借款人和贷款人之间的桥梁,通过提供的中介服务来收取相关手续费,但宜信收取的手续费和利息都较高,不符合现在的法律规定。再次,宜信收取双向手续费,即既向贷款人收取手续费,亦向借款人收取手续费。这一点虽符合 P2P 模式的一般形式,但问题在于,宜信本身的流程构建中,对于自身的定位更加接近于银行,在宜信的交易中,其作为独立第三方参与整个交易,宜信本身不能简单定位为中介者,其费用的收取就难有依据。第四,由于 P2P 是以个人信用为基础的一种借贷方式,作为 P2P 网贷平台,一个最基本的特点就是要信息透明,但宜信的线下模式导致其很多业务信息不能通过网上查看,不具备透明性。

　　宜信的模式在 P2P 行业中的特殊性,屡次成为行业焦点和政策关注的对象。2012 年,全国人大财经委员会副主任委员、前央行副行长吴晓灵曾指出,一些公司采用自然人给人贷款,并再将贷款卖给自然人以吸收资金,承诺在一定期限内还本付息的模式,恰恰符合最高法院对于非法集资的定义。① 2013 年 8 月 8 日,采取宜信债权转让模式的网赢天下在经营了四个多月后公开宣布,由于运营不善及诸多因素造成投资者的投资款不能按时提现,目前已全面停止所有网贷业务的运行,仅负责对之前欠款的还款安排。② 2013 年 8 月 13 日,央行副行长刘士余在中国互联网大会上,明

---

① 肖莎."人人贷"野蛮生长,http://www.legalweekly.cn/index.php/Index/article/id/1695.
② 网赢天下致投资人公开信,http://www.p2peye.com/thread-19044-1-1.html.

确指出,互联网金融有两个底线不能碰:一是非法吸收公共存款,二是非法集资。同时对 P2P 明确警示,他强调,P2P 如果做成线下,脱离了平台操作功能之后,就会演变成资金池,成为影子银行。[①] 业内人士普遍认为,刘士余的讲话直指宜信线下 P2P 模式。

3. 红岭创投:曾有的似水年华

红岭创投是深圳市红岭创投电子商务股份有限公司旗下的互联网金融服务平台,于 2009 年 3 月正式上线运营。红岭创投是国内最早的一批 P2P 网贷平台之一,也是目前深圳地区资历最老、规模最大的平台。

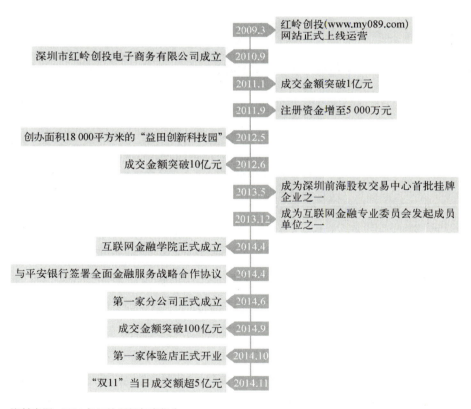

资料来源:2014 年红岭创投年度报告。

图 3-1 红岭创投的发展历程

长刘士余:互联网金融两个底线不能碰,http://finance. jrj. com. cn/2013/08/13182915675600-c. shtml.

　　上图是红岭创投从 2009 年创立到 2014 年年底的发展历程,从中可以看出红岭创投一路以来发展都很顺利。自 2009 年 3 月至 2014 年 12 月 31 日,红岭创投共实现了 186.79 亿元的累计成功投资,共计 512 585 笔借款,平台共有 341 060 名注册用户。[①] 在 2014 年 3 月 27 日之前,累计坏账率仅为 0.686%,远低于 P2P 行业水平。[②]

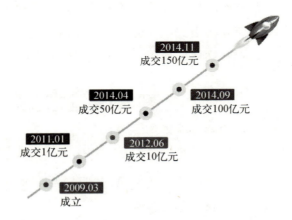

资料来源:2014 年红岭创投年度报告。

图 3 - 2　红岭创投 2009 年至 2014 年累计交易数据图

　　但自 2014 年起,这位 P2P"元老"运作得似乎不太稳健。2014 年 8 月 28 日,红岭创投 CEO 周世平称红岭创投平台上广州纸业贷款项目出现 1 亿元坏账,这是 P2P 网贷行业有史以来被证实的数额最大的一笔坏账。一波未平一波又起,2015 年 2 月,红岭创投又被曝出出现了 7 000 万元的坏账。据悉,秉持着对客户负责的红岭创投已经第一时间表示,会为相应的本金利息兜底。

　　银监会业务创新监管协作部主任王岩岫曾公开表示:"互联网金融不适宜做大额融资的集资平台。"而红岭创投正是以大额标而闻名的 P2P 网贷平台,而网贷平台上的大额融资的企业多是被银行等融资机构拒绝过的,风险比较大,对于红岭创投的风控模式考验比较大。

---

① 　参见 2014 年红岭创投年度报告,http://www.my089.com/Report/2014/HLReport.htm。

② 　参见 2013 年红岭创投年度报告,http://www.my089.com/hlreport.htm。

红岭创投 2014 年 8 月 28 日的 1 亿元坏账和 2015 年年初的 7 000 万元坏账彻底挑动了 P2P 行业的神经。虽然红岭创投为两次坏账兜底，虽然 P2P 行业类似级别坏账也很多，但都没有曝出来，而红岭创投曝出的两次坏账明显让投资人和 P2P 行业开始质疑红岭创投的风控模式和能力，也在怀疑红岭创投的发展前景。

红岭创投从创立以来一直秉持一贯的稳健保守路线，经过几年的经营与探索，逐渐形成了一套较为完善而严格的风控措施。因此在面对两次巨额坏账时能及时应对。红岭创投与平安银行签署《全面金融服务战略合作协议》，是行业首家签约并即将实现银行资金存管的平台；我们在前文中提到，红岭创投为两次坏账兜底，这部分资金来自 2014 年 3 月启动的风险准备金计划，初期准备金为 5 000 万元人民币，计提准备金标准为每笔借款标按借款金额年化 1.2% 计提，该风险准备金由银行进行监管；在项目审核上，红岭创投采取五道严格的风控流程保障融资项目的可靠性：项目材料初审——前期背景调查——实地财务核实——实地项目考察——工商司法调查等五道流程控制融资项目的风险，同时红岭创投要求借款人通过股权抵押、房产等形式提供还款保障。层层保障机制让红岭创投在两次坏账事件之前一直以风控能力强而著称业内。

究其出现巨额坏账的原因，可以从以下几方面来分析：

首先，红岭创投的"类银行"模式。目前红岭创投内部有多达数十个具有银行经验的管理人员。红岭创投 CEO 周世平也曾表示，聘任有银行工作经验的人员担任管理层，一是主要出于风控考虑，提高工作效率；二是可以借助他们在银行任职时积累的大量资源，获得项目和资金。这样一来，红岭创投的管理模式过多地借鉴了传统的商业银行。其实在 P2P 行业内采用"类银行"模式的平台不止红岭创投这一家，但两次坏账事件，亦为 P2P 大额借款敲响了警钟。

其次，冒进的引入大额贷款。正如银监会业务创新监管协作部主任王岩岫说的，"互联网金融不适宜做大额融资的集资平台"，P2P 网贷平台目前实力普遍弱小，而大额借款往往涉及不动产抵押，但大额借款风险较大，不动产等物品的折旧意味着要 P2P 网贷平台承受更高的风险和更低的受偿率,而 P2P 网贷平台多数从业人员并不具备相关规避风险经验,很难胜任大额借款要求。

综合来看,红岭创投在大额借款的风控模式上做了很大的努力,但由于线上平台规模、从业人员经验不足以及互联网金融发展尚不完善等原因,红岭创投遭遇了两次大额的坏账,也让很多投资人的信心受挫,未来红岭创投的发展前景还未可知。

4. 拍拍贷:岌岌可危融资路

拍拍贷网站(www.ppdai.com)于 2007 年 8 月正式上线,目前运营网站的主体是"上海拍拍贷金融信息服务有限公司",公司位于国际金融中心——上海。拍拍贷是中国第一家 P2P(个人对个人)网络借贷平台,也是国内首家 P2P 纯信用无担保网络借贷平台,截止到 2015 年 6 月底,服务人数接近 700 万,是国内用户规模最大的 P2P 网贷平台之一。[①]

拍拍贷是 P2P 网贷行业最特殊的一家公司。拍拍贷创始人张俊等人有对理想平台模式的坚守,因此,相较于其他平台或担保、或抵押、或垫付本息的平台模式,拍拍贷选择了最简单的平台模式——平台不承诺垫付本息,在垫付和担保成为行业大趋势面前顽固坚持,逐渐成为现今 P2P 网贷平台的边缘企业,也导致拍拍贷平台交易额增长缓慢。成立于 2009 年的人人贷,2013 年平台交易额达到 15.69 亿元,创立于 2009 年的红岭创投则在 2012 年,其全年交易额就达到了 14 亿元,而拍拍贷 2013 年的交易额则刚突破 10 亿元,2014 年交易额也仅为 10.45 亿元,但到 2015 年上半年,拍拍贷的交易额超过 13 亿元,实现了业绩突破。

拍拍贷借鉴了英国 Zopa 和美国 Prosper 的"人人"概念,希望人人都可以参与到借贷的过程中,因此拍拍贷决定走小额贷款这条路,去覆盖最底层的群众,解决他们借贷需求,把依托互联网技术的这种操作简单、安全透明的 P2P 借贷交易方式带到人们的生活中。门槛低、便捷的理财方式、收益稳定是拍拍贷打造的互联网理财模式。

拍拍贷打造的理财模式还有一个显著的特点——纯信用无担保。拍

---

① 参见拍拍贷官网,http://www.ppdai.com/help/quarterReport.

拍贷认为可以通过教育投资者识别风险和控制风险的能力来降低用户投资的风险。除了这个方法外,拍拍贷小额投资的模式本身就是用分散投资的模式帮助用户规避了一部分风险,比如在拍拍贷的平台上,一位获得1 000元的融资者会在平台上找到100位债主,这样一旦出现坏账,对于每个投资者来说,亏损并不是很大;2015年,拍拍贷还推出了风险准备金计划——"逾期就赔"标成交时,提取一定比例的金额放入"风险备用金账户"。借款出现严重逾期时(即逾期超过30天),根据"风险备用金账户使用规则",通过"风险备用金"向理财人垫付此笔借款的剩余出借本金或本息(具体情况视投资标的类型的具体垫付规则为准),拍拍贷也会定期推出托管报告,以实现透明和公开。

2015年注定是P2P网贷行业跌宕起伏的一年,就在红岭创投出现大额坏账的同时,国办107号文出台,首次将P2P等新型互联网金融业务归入了影子银行之列,并在监管责任分工中指出"第三方理财和非金融机构资产证券化、网络金融活动等,由人民银行会同有关部门共同研究制定办法"。国办107号文甫一面世,业内一片风声鹤唳。被纳入影子银行监管,意味着嵌入了资金池、理财产品模式的P2P网贷平台,随时可能迎来监管风暴;而做出垫付本息承诺的P2P网贷平台,可能会迎来资本金监管条例。[1] 这个对于P2P网贷行业来说是坏消息的国办107号文,对于拍拍贷则是天降的福音,拍拍贷无担保模式可谓是等到了"胜利的曙光"。

在资本市场中,拍拍贷这种无担保模式也得到了肯定。

2011年8月,拍拍贷获得清华大学旗下基金金信投资的天使轮投资;2012年10月拍拍贷成为首家完成A轮融资的网贷平台,获得红杉资本千万美元级别投资。2014年4月拍拍贷在北京钓鱼台国宾馆宣布完成B轮融资——1.3亿美元,国内P2P行业首个完成B轮融资的网贷平台,投资机构分别为光速安振中国创业投资、红杉资本及纽交所上市公司诺亚财富。

拍拍贷无担保的模式得到了资本的认可,却让很多投资人在拍拍贷平

---

[1] 林默.拍拍贷历劫记,http://www.iceo.com.cn/com2013/2014/0221/277828 - 4.shtml.

台上找不到安全感,这也是拍拍贷成交额低的原因。为了赢得投资人的信赖,拍拍贷将获得的融资更多用在了平台的信用审核体系和风控模型的建设上。2011 年 11 月,拍拍贷获得的来自红杉资本的 A 轮融资大部分都用在了风控模型的建立上。而 B 轮融资资金则主要用于加强建设网络征信系统,提升 IT 技术水平及高级人才招聘等。

投资拍拍贷的两家公司有必要提一下。A 轮融资的领头者——红杉资本于 1972 年在美国硅谷成立。先后作为第一家机构投资人投资了如 Apple, Google, Cisco, Oracle, Yahoo, Linkedin 等众多创新型的领导潮流的公司,在中国,红杉资本中国团队目前管理约 20 亿美元的海外基金和近 40 亿人民币的国内基金,用于投资中国的高成长企业,而红杉中国的投资组合包括新浪网、阿里巴巴集团、酒仙网、京东商城、唯品会、聚美优品、豆瓣网、高德软件、乐蜂、奇虎 360、大众点评网等。红杉资本投资了很多互联网金融中标新立异的公司,主要看中的也是互联网公司的杠杆作用和团队效率,在领投 A 轮融资时,红杉资本中国基金副总裁胡丹表明,拍拍贷满足了这两个方面。

B 轮融资的领头者——诺亚财富。诺亚财富是一家具有几万位活跃高净值客户的财富管理公司,具有财富管理、资产管理、投资银行等归纳性事务。这笔出资是诺亚财富首次以自有资金进行对外投资,也是首次触及互联网金融,对诺亚来说这次出资并不是单纯的财务投资,而是这家传统财富管理组织向互联网金融进军的开始。诺亚控股创始合伙人殷哲清晰表明,期望拍拍货将来会变成诺亚财富高净值客户投资的途径之一。

这两家公司投资拍拍贷可以从侧面说明拍拍贷的发展前景是被看好的,但在中国征信体系仍未完善的情况下,坚持纯线上模式必须建立完善的征信体系,拍拍贷将获得的两次融资大都用在了信用体系和风控模型的建设上。对于拍拍贷来说,信用体系和风控模型是关键,对于红杉资本和诺亚财富来说,拍拍贷是 P2P 网贷行业的一朵奇葩,投资的风险大,因为拍拍贷处于行业边缘,但如果不投,就放弃了在 P2P 行业的布局,而且政府政策仿佛又在支持这种无担保的纯线上模式,因此,对于拍拍贷的投资者来说,这是一道难度很高的选择题,对于拍拍贷本身来说,融资这条路还很难走。

5. 传统民营系小结

从以上几个代表性的传统民营系 P2P 网贷平台各自不同的发展历程来看,无论是推动建立良好行业生态模式的人人贷,游走在法律和监管边缘的宜信,还是发展历经艰辛,出现融资困境的红岭创投以及拍拍贷,尽管它们各自的目标定位和发展方向不尽相同,走过的路也完全不同。但是,他们都在努力适应互联网时代的到来对人们的思想观念和行为方式的冲击所带来的影响和改变,为广大小微客户提供更具灵活性、更加便利化、更加人性化、更加普惠化的信贷服务,为中国早期互联网金融时代各级各类人员与业主的金融需求提供了个性化、差异化的良好服务,有力推动了中国互联网金融行业的健康稳定发展。

同时,传统民营系 P2P 网贷平台也必然会随着经济社会的快速发展,人们思想认识水平的逐步增强,国家法律法规的不断完善,以及国家对互联网金融平台监管水平的提高而出现进一步的整合、重组和提升,逐步走向规范化、规模化、差异化、人性化、精致化和效益化的新时代,以更好地服务于李克强总理提出的大众创业、万众创新的经济社会发展新局面,服务于中国经济社会发展新战略。

(二) 互联网巨头争先进入 P2P

2012 年,党中央、国务院开始重视中小微企业的发展,出台了《关于支持小微企业发展的意见》,这是我国首次在国务院层面明确把"小微企业"发展作为文件主题,随后又出台了一系列相关的支持小微企业发展的政策措施。2013 年,为了减轻中小企业的束缚,使中小企业特别是小微企业更好地进入市场,政府下放和取消了一批审批事项。自 2013 年 8 月 1 日起,我国对月销售额 2 万元以下小微企业暂免征收营业税和增值税,并在一些行业和地区进行"营改增"试点,惠及的小微企业达 600 万家。并在 2013 年共出台 77 份文件,进一步营造推动和适合中小微企业发展的经济环境。

互联网巨头从国家的政策中嗅到了互联网金融行业,尤其是小额贷款的 P2P 网贷行业的发展前景,从 2013 年开始纷纷布局 P2P 网贷市场。

1. 超越余额宝? 招财宝猛招 VS 三漏洞

2014 年 8 月 25 日,继余额宝之后阿里巴巴又推出了一款互联网金融创新产品——招财宝,阿里巴巴将招财宝称作为投融资理财的平台。

招财宝公司,全称为上海招财宝金融信息服务有限公司,为蚂蚁金融服务集团旗下子公司,独立负责招财宝投资理财开放平台的全面运营。招财宝是一个投资理财开放平台,招财宝平台主要有两大投资品种,第一类是中小企业和个人通过该平台发布的借款产品,并由银行、保险公司等金融机构或大型担保机构提供本息保障;第二类是由各类金融机构或已获得金融监管机构认可的机构通过该平台发布的理财产品。投资人则可以通过该平台向融资人直接出借资金或购买理财产品,以获得收益回报。

招财宝公司基于蚂蚁金服集团的金融大数据、云计算基础能力,在融资人、投资人与理财产品发布机构之间提供居间金融信息服务,以帮助各方完成投融资交易信息撮合。招财宝公司不发布任何理财产品或借款项目,不设立资金池,亦不为交易各方提供担保。

招财宝是 P2P 网贷行业的一种产品。相比于其他 P2P 网贷平台,招财宝解决了金融借贷领域和 P2P 领域的几大难题。

首先,招财宝承诺投资本息 100% 保障。在中国,绝大多数 P2P 网贷平台资质平庸、知名度低、实力差等,再加上近年来 P2P 网贷平台频繁"跑路"的问题,P2P 网贷平台的信誉受到严重影响,并不能得到投资者的完全信任。针对这些问题,招财宝直接引入第三方中国融资担保有限公司和众安在线保险公司为平台的所有投资行为的本息进行 100% 全额担保,如果出现坏账,担保公司和保险公司会自动全额赔付。本息保障这一方式解决了互联网投资理财的资金不安全和互联网金融存在的道德问题。

其次,招财宝提供随时提现功能,并保证提现不影响已过期限的投资利息。简单来说就是同时做到了活期的灵活性和定期的高回报。假如买入 1 000 元、年收益率为 6% 的产品,三个月后提前支取,按照提现功能的规则,前三个月的 15 元收益也可以提取,那么这个人就可以提现 1 015 元。提现功能保证了投资者资金灵活使用,以应对投资者临时用钱或者再投资的需求。在很多传统系的 P2P 网贷平台上是不允许临时提现的,比如人人贷,即使是它最新推出的 U 计划,也不能做到临时提现。

第三,招财宝有余额宝这一坚实的后盾,招财宝利用余额宝庞大的用户群和资金池,提供投资产品预约服务。也就是说余额宝用户可以通过招财宝平台提前预约投资产品,并设定投资上限、期望收益率和期限等信息,当平台上出现符合条件的投资产品时,系统就会依据预约顺序自动匹配和购买。而借助余额宝也保证了招财宝的理财产品能够临时提现,因为有余额宝这样一个资金池。

有了上述三个优势功能的助力,招财宝在试运营期间的投资金额就超过了 110 亿元。虽然招财宝这三个优势看起来威力强劲,但它也隐藏着一些深层次的问题。

第一,招财宝平台产品年收益率偏低,产品收益率保持在 5%～7% 之间,虽高于银行的定期理财项目,但与其他高收益率的 P2P 网贷平台相比,优势并不明显,当然收益率偏低与招财宝业务模式复杂、关联受益方多有关,也是出于阿里巴巴和第三方担保公司考虑以及投资风险和全额赔付的压力所致。

第二,阿里巴巴的招财宝和余额宝双手互搏,争抢对方的生意。上文中提到招财宝利用余额宝庞大的用户群和资金池来扩充自己的平台规模,虽然实现了余额宝和招财宝之间的资金流通,但招财宝规模的迅速扩大意味着余额宝资金的快速流失。

第三,招财宝存在风险漏洞。招财宝平台上的借款产品全部由包括保险公司、银行在内的权威金融机构提供本息保障措施;理财产品全部为依法设立的权威金融机构发布,并由金融机构负责投资管理和收益兑付。在资金安全方面,招财宝平台所有交易由支付宝提供第三方支付结算服务,理财产品到期资金将自动转入用户的余额宝账户,余额宝账户资金由众安保险承保,如出现被盗将由众安保险全额赔付。这样看,招财宝只是作为一个第三方的平台,招财宝背靠中国融资担保有限公司和众安在线保险公司两大担保公司,保证本息 100％全额赔付,一旦出现坏账,两大担保公司会承担极大的风险,阿里巴巴也会遭受信誉损伤。另一方面,招财宝上线早期,可以借助余额宝和招财宝提供的预约服务保证招财宝理财产品随时提现,但一旦招财宝规模扩大,预约服务积累的资金不能满足随时提现的需求,也就没有办法做到随时提现了。

从 P2P 概念的意义上说,传统意义上的 P2P 网贷平台同时满足借出和借入两项服务,而招财宝只能借出不能借入,从这个角度看,招财宝只能算作半个 P2P。而且投资人在招财宝上无法看到完整的项目及借款者的信息,在信息的透明度上,招财宝并没有给予支持,用户无法自己判断投资风险;另一方面,招财宝提供的预约服务,招财宝根据用户填写的投资要求自动匹配相应的理财项目,而投资者没有主动选择项目的权利,这对于投资者来说存在很大的限制以及用户不友好。

总的来说,招财宝是阿里巴巴在互联网金融领域创新的一种产品。余额宝收益日渐降低,增长已大不如前,一旦利率低于 4％,就与传统的银行存款无疑,也将无法留住用户,招财宝是阿里巴巴推出的理财产品,也是阿里巴巴巩固互联网金融产业的一步棋。

2. 搜易贷:抢在政策出台前占个坑

搜易贷是由搜狐畅游原 CEO 何捷先生创建,于 2014 年 4 月创办,2014 年 9 月 2 日上线的 P2P 网贷平台。搜易贷聚焦民间小微借贷,致力于推动中国信贷行业的市场化、平民化及高效化,搭建中国最大、用户体验最好的个人及中小微企业的互联网信贷平台。

搜易贷上线时间较晚,产品也只有首付贷和新易贷两款。

搜易贷依托搜狐焦点和搜易贷两个平台,以搜狐焦点的资源为媒介,与开发商合作,针对新开楼盘展开首付贷业务,专门解决购房者首付难的问题,在线上房产信息到购房首付贷款间形成了闭环。

首付贷有以下优势:无需抵押,无需买房人自身或亲朋好友担保,而是由开发商提供担保;售楼现场完成测试,交齐资料后 48 小时就可以上线申请借款,而且首付贷的利率也是全国最低,最高是 6.5％,低于同期的银行标准。2014 年,昆明海伦国际与搜易贷达成了合作。首付贷上线不到半年,借款申请额就超过了 1.5 亿元。

根据 2015 年 3 月 18 日国家统计局公布的"2015 年 2 月份 70 个大中城市住宅销售价格变动情况"显示,楼市延续了 2014 年 5 月以来整体下跌态势,70 个大中城市同比整体跌幅高达 6%。迹象表明,全国房地产市场仍在调整,"想方设法去库存"仍然是当前房地产开发商的关键。此时,搜易贷上线"首付贷+",在第一代"首付贷"的基础上,引入了全新的风险保障金制度,无抵押,无担保,审批快速,采取更快捷的方式与开发商合作,助力房地产市场。

从 2014 年 5 月开始,全国楼市整体复苏乏力,房地产公司的库存难题难以解决,同时,住房刚需却在持续增加,尤其是在北上广深等一线城市,85 后、90 后进入房地产市场,年轻人的买房需求更加强烈,但房价却让不少人望而却步,这就加剧了房地产库存压力。房地产这一垂直领域有极大的刚需,网易新闻客户端房产频道推出的购房直通车和搜狐与搜易贷的合作都验证了这一点,在银行不能满足这个市场巨大需求的情况下,P2P 网贷的确是一个不错的选择。在这种情况下,搜易贷推出"首付贷"和"首付贷+"两代产品,助力房地产市场。

搜易贷在"首付贷"和"首付贷+"两代产品上都是利用信用认证,根据借款人的信用卡和贷款等征信信息来建立信控模型把控借贷风险,但我国尚未建立完善的个人征信体系,在 P2P 网贷行业选择信用认证的 P2P 网贷平台不多,那么搜易贷能否保证投资人的利益呢?

从搜易贷的风控模式上看,搜易贷在对外宣传的资料中称其信用认证是依托益百利风险决策引擎,但这个决策引擎的有效性是建立在美国完善的个人信用体系的基础上的,中国的个人征信体系尚未完善,公民的信用信息还未统一,因此该系统还未能达到美国的精准授信的效果。

从担保模式上看,搜易贷平台模式和担保方式并无创新,搜易贷属于典型的传统 P2P 网贷平台,即 P2P 网贷平台加担保的传统形式,其项目担保也是像大多数担保 P2P 网贷平台那样通过几家小型担保公司同时担保,比如鑫运资本、巾帼小贷、亚飞金融和亚飞小贷,而且搜易贷发布的标的都是小贷公司推荐的项目。

从核心技术上看,虽然搜易贷出身搜狐,但仍没有消息称搜狐为搜易贷平台背书,搜易贷 CEO 何捷通过对大交易数据、大交互数据、大金融数据三方数据进行的综合和模型化的处理,会在平台风控上给予极大的支持,而何捷也认为技术、风控、大数据是搜易贷平台的三大优势。

从以上三点来看,搜易贷在大数据支撑信用验证上还只是处于起步阶段,一方面是大数据掌握在 BAT 等几家互联网公司手中,另一方面,大数据授信也是各平台探索的领域,能否建立起适合中国市场的信用验证体系还未可知。再者,搜易贷以上的产品和整个平台的模式中,并没有看到产品、担保模式等方面的创新,搜易贷会和合作的担保公司一起"在整个授信,风控的管理,包括借款开发上,都希望跟他们一起开拓全新的模式"①,正如搜易贷在宣传中所强调的,"在政策出台前夜,搜易贷凌空而出",只是为了在相关政策出台前占个位而已。

3. 新浪微财富:迟到的救赎

新浪微财富是新浪旗下的互联网金融理财服务平台,于 2014 年 4 月 22 日正式上线,新浪微财富立志为互联网用户提供精选理财产品和服务。

微财富目前的理财产品包括基金理财、票据理财、增值理财、P2P 理财等各类理财服务,除此之外,还将推出沉香、钻石、黄金、股票、房、车等理财项目,也就是说一切适合互联网金融的投资理财产品,在微财富平台上都会有,让投资理财多样化、简单化、生活化。

从分类上来看,微财富平台上的产品可以分为:

第一类:定期类。这类产品包括票据类、P2P 类、组合类三种,从平均年化收益率来讲,定期类产品的平均收益率在 12%,其中票据类是 7%左右、P2P 类是 8.8%左右、组合类偏高是 22%左右。该类产品虽然利率偏低,但从网站的交易记录来看,销售速度是最快的。

第二类:基金类产品。包括货币精选、股票型精选等类别。在收益率方面,基金类产品与普通的 P2P 类产品差异不大,保持在 5%~8%之间;

---

① 搜易贷:抢在政策出台前来占个坑,http://finance.ifeng.com/a/20140903/13055524_0.shtml.

而股票型精选产品,由于股票行业本身就是高风险高收益,所以此类产品的年平均涨幅很高,平均每年的涨幅在 50％以上。可以发现,基金类产品的收益率明显高于票据类产品。

第三类:贷款类。贷款类产品根据地域推送产品。一般产品包括消费、租房、购车贷款等在内,利率低廉。

2014 年,是 P2P 网贷行业最不平静的一年,"跑路"、坏账层出不穷。有新浪为其背书的新浪微财富也难逃坏账的影响。2014 年 12 月中旬,成立仅八个月的新浪微财富遭遇了成立以来最大的风波。12 月中旬,深圳票据理财产品中汇在线曝出无法提现,3 000 多名投资者逾 2.6 亿元本息无法提现,发放该理财产品的平台——新浪微财富也难逃波及,陷入投资人讨债风波中。有投资人称:"在新浪微财富上购买了该款产品,主要是认为新浪会选择合作的平台。通过新浪微财富购买正是看中新浪的牌子。"①新浪微财富早前也声称选择中汇在线的原因是"看中了中汇安全的票据业务模式和严格的风控",正是出于这样的考虑,在发生中汇在线提现困难之后,投资者将矛头指向微财富,要求其为中汇在线这笔坏账兜底。

根据相关新闻报道,新浪微财富最后用 5 000 万元为该坏账兜底,保住了投资人的利益,也尽可能地减小了对新浪微财富和新浪的品牌影响。微财富为中汇在线坏账兜底,虽然保住了一些客户和投资人,却也暴露了很多问题。

这个事件对新浪微财富造成较大负面影响。新浪微财富采取的模式是作为第三方销售平台出现在投资人和融资机构之间。新浪微财富在接受采访时表示,在选择合作平台上,微财富优先选择有国资背景、金融机构或知名风投入股的平台,但在实际操作中,并不是所有的合作机构都是具有国资背景、金融机构或知名风投入股的平台,出现坏账的中汇在线就是这类机构。作为第三方,其实微财富很难全面掌握平台风险,因为在对融资机构进行审核时多是对股东实力、运作团队等方面进行考察,对参与项

---

① 新浪微财富踩雷"中汇盈"事件,兜底 5 000 万,http://www.csai.cn/p2pzixun/926569.html.

目的审核很难透彻。因此,新浪微财富的风险其实比其他 P2P 网贷平台的风险更大。

4. 积木盒子:磨难出炉记

积木盒子的 LOGO 很有意思,是一个魔比斯环和三角形的结合,魔比斯环是无限循环的,相信积木盒子也是取魔比斯环无限循环之意,预示平台对真诚透明的极致追求。

积木盒子的前身是做调查数据服务的 76hui。2012 年,来自金融和互联网的几个年轻人开始跨界创业之旅,2012 年 8 月上线 76hui,专注于做数据服务,2013 年 8 月,踩着 76hui 的肩膀,积木盒子闪亮登场。2013 年 12 月,上线仅四个月,积木盒子的交易额突破 1 亿元。

积木盒子虽然没有银行风控背景出身的专业风控团队,但大部分成员都有金融背景。联合创始人兼首席执行官董骏有五年华尔街跨国银行经验、五年中国中小企业金融服务经验;联合创始人 Barry Freeman 有九年美国金融机构经验、五年中国中小企业信贷经验;其他成员也有相当丰富的银行金融工作经验和 IT 行业经验。

没有专业的风控人士掌握积木盒子的风控模式,如何规避风险,积木盒子有其独特的方法:

(1)银行不做的行业,积木盒子也不会参与。

(2)规避风险大的行业,比如房地产、资源类的行业等。

(3)独特的风控模型。一是前期数据流程化,积木盒子将前期的尽职调查过程分解成不同模块,每个模块都有专人负责,将得到的数据放入模型,就可以完成对企业还款、盈利能力等方面的大致筛选,在此基础上再进行第二步——人为筛选。二是基于 76hui 的金融产品设计和风险判断。三是在对项目进行实地考察后给予评级。

(4)与担保公司合作,增信积木盒子。积木盒子合作的担保公司有三类,一是非常大的国有担保公司,二是外资性担保公司,三是在细分市场有资源的担保公司。

积木盒子凭借在 P2P 网贷行业风控方面的独特模式,吸引了诸多资本方。2013 年 12 月,来自欧洲的 Ventech 投资千万美元;2014 年 9 月,又获得了小米公司以及顺为资本领投的 3 719 万美元,完成了 B 轮融资。

从投资额来看,资本方对积木盒子的平台模式和管理团队都很看好,雷军更表示"在中国,在今天的中国创业市场上,缺的是执行力而不是主意"。从业务上看,小米公司为积木盒子的移动端导入流量,对于积木盒子来说,P2P 解决了中小微企业融资难的基本难题,但因为这个行业缺乏有效监管而呈现了种种乱象,包括诈骗、坏账、"跑路"等,行业需要监管,需要建立信息透明、互动性强的双向体制从而降低业务成本和经营风险。相信在与小米公司的合作中,积木盒子会在这些方面有所提升和突破。

与微财富不同,积木盒子是一个专注中小微企业大额借款为主的网贷平台。而且项目年收益在 9%～13% 之间,在国内 P2P 网贷行业中属于中等水平。

积木盒子的借款标周期主要是 12 个月的中长线标,用户资金周转较慢,自由度较低,流动性一般,但积木盒子的信息公开程度很高。积木盒子基于严格独立的风控体系和担保机制,平台数据包括平台逾期率、黑名单、借款照片、借款文字、借款账号、借款人信用等级等都是公开透明的,让投资人能够自主判断借款项目的可靠程度。

积木盒子的平台得到了多方的认可,包括上文中提到的投资方和借款人。2015 年 2 月 10 日,积木盒子与民生银行达成战略合作协议,民生银行为积木盒子提供涵盖融资、结算、资本运作、信息咨询、理财等多层面、全方位的综合金融服务方案。[①] 根据协议,除了在资金托管、支付结算方面的合作之外,民生银行还将为积木盒子提供资产推荐和综合授信等服务,这将极大地增强积木盒子的风控能力。

根据介绍,民生银行选择将积木盒子作为其首发合作伙伴的原因是对其"运作模式和互联网金融前景的看好",互联网金融这两年的发展势头强劲,已经逐渐发展成为银行体系的重要补充,而民生银行选择积木盒子其实也是民生银行在互联网金融潮流中为优秀的 P2P 网贷平台提供资金托

---

① 民生银行杀入 P2P 资金托管,首合作积木盒子,http://www.ebrun.com/20150210/124223.shtml.

管业务的新起点。

积木盒子健康的平台模式受到行业内外的认可,但在 2015 年 4 月 7 日,大公国际将积木盒子列入了互联网金融黑名单。"黑名单"是作为大公信用评级中对受评主体的信用状况最为严重的风险揭示,表示受评主体的债务人以及所发布的债项存在重大风险,提示投资人谨慎介入。大公国际在公告中称,经过对积木盒子平台的长期观察,认为积木盒子出现了以下问题:

(1)信息披露不充分,不规范。

(2)偿债能力无法评估。

(3)涉嫌自融及参与经营。

(4)收费规则不透明,涉嫌误导投资者。

(5)保证金覆盖能力不足。

虽然也有行业内的专家认为大公国际的评级规则不透明,数据的来源和真实性都没有得到解释,因此公布的权威性和准确性遭到了质疑,甚至广东互联网金融协会召开新闻发布会,会长陈宝国严重指责了"大某国际"在没有进行实事求是的调查、缺乏明确明晰评级标准的情况下,连续发布多篇公告,对协会多家会员单位进行与事实严重不符的所谓"负面评级",给协会及会员单位甚至互联网金融行业都带来了严重的负面影响。

从积木盒子被"黑名单"的事件可以看出,互联网金融异军突起,发展速度过快,在发展过程中暴露出来的问题亟待解决,如何促进互联网金融的健康发展是国内互联网金融行业和 P2P 网贷行业以及政府监管部门必须考虑的问题。

积木盒子是 P2P 网贷行业中比较成功和成熟的平台,从创立至今发展很顺利,但也存在很多问题。可以说任何 P2P 网贷平台的发展都不是一帆风顺的。

(三)银行系:困境中的绝地反击

2014 年,由于 P2P 网贷平台数量和行业成交额的快速增长,让原本一直高高在上、从事大企业融资的传统银行开始受到一种前所未有的冲击和威胁。

与其频受冲击,不如直面应对,寻找突破的机遇。国内很多传统银行开始涉足互联网金融行业,比如招商银行的小企业 e 家、江苏银行的融 e 信,包商银行的小马 bank 等。

对于传统银行来说,涉足互联网金融和 P2P 网贷行业是出于两方面考虑。一是互联网金融是大趋势,银行推出的 P2P 网贷平台是在做该领域的布局,不让自身失去先机;二是在利用线上的小额融资平台培养企业,为将来的大额融资做准备,并在服务中小企业的同时开展对企业的信用审核和测试。

本书认为互联网金融的本质还是金融,因此对于银行来说,进军互联网金融,他们有先天的优势,但也正是由于传统银行长期以来模式和流程的限制,会影响银行系 P2P 网贷平台的发展。

1. 招商银行的小企业 e 家

小企业 e 家是招商银行于 2013 年 4 月正式推出的面向中小企业客户的互联网金融服务平台,这是国内商业银行互联网金融创新的第一家,也是招商银行在互联网金融领域的探索与尝试,该平台的本质是通过线上线下相融合的信息见证服务,实现资金供给与需求者间对称的信息、资金交互。

根据招商银行的公开说明,小企业 e 家不是 P2P 平台,而是投融资平台。[①] 目前,很多 P2P 网贷平台以承诺投资人本息的形式介入借贷双方的交易。招商银行的投融资平台——小企业 e 家的业务模式和流程安排都和 P2P 网贷平台大相径庭,作为投融资平台的小企业 e 家,其服务的本质是信息见证,提供的是借贷双方的信息交互服务,双方基于平台提供的信息通过第三方支付平台——中金支付完成交易,平台不会参加交易过程。

在招商银行既有优势的基础上,小企业 e 家围绕中小企业"存、贷、汇"

---

① 招行回应小企业 e 家遭叫停:投融资平台不涉 P2P 业务,http://money.163.com/14/0118/12/9ISE7RB100253B0H.html.

等基本金融需求,创新开发了企业在线信用评级、在线授信、创新型结算、在线理财等互联网金融产品,并实现了与银行中后台信贷管理系统、客户关系管理系统等的对接,初步形成了从客户接触、跟进营销,商机发掘、产品销售到在线业务办理的全链条"O2O"经营模式。同时,通过与广泛的第三方机构开展异业合作,小企业 e 家整合研发了 e+账户、商机平台、企业云服务、企业商城、在线财务管理、投融资平台等创新的互联网应用,打通和融合了企业在结算融资、投资理财、商机拓展、办公自动化、财务管理、供应链运营等多方面的行为,沉淀了传统银行难以获得的"大数据"。

小企业 e 家投融资平台是招商银行在互联网金融领域全新模式的尝试和探索,为用户提供了全新的安全便捷的财富保值和增值方式。小企业 e 家虽然是招商银行创建的线上产品,但招商银行不对平台上的融资产品、融资人归还本息承担任何形式的担保责任,但为了保证平台上投资人的权益,招商银行会对融资人和融资项目以银行的标准开展线下尽职调查,并基于此对融资项目进行风险评估。线下的尽职调查内容包括融资人资信状况、融资背景、还款来源等,还会对融资人的经营证件、营业场所等基本信息进行真实性和合法性的验证。

截止到 2014 年年底,小企业 e 家注册用户 53.8 万户,累计互联网 PV 超过 1 亿次,完全打通了客户支付结算账户与收益高且安全性、流动性强的理财账户;在"存"方面,累计吸收和沉淀客户存款超过 900 亿元;在"贷"方面,累计实现中小企业低成本互联网融资总量超过 1 000 亿元;在"汇"方面,将中小企业投融资需求与庞大社会资金及第三方机构渠道高效对接,平台累计交易结算笔数超过 20 万笔。[①]

相对于 P2P 网贷平台,投融资平台让金融服务更加透明,能够最大限度地减少信息不对称和市场交易成本;同时有招商银行作为小企业 e 家的支持,小企业 e 家可以借助银行的风险识别和风险管控能力,并通过互联

---

① 揭秘招行"小企业 e 家":围绕企业金融需求,e 网打尽线上服务,http://finance.chinanews.com/fortune/2015/03-18/7138396.shtml.

网技术,比如大数据技术等实现社会公众间信息和资金的开放、安全和有效交互与流动,促进社会普惠金融体系的建立,进一步解决中小企业的融资难、融资成本高的问题,为中小企业的融资打造一个新方式,并加快社会闲置资金的流动。

小企业 e 家是招商银行在互联网金融行业中的探索和尝试,同时也是对线下业务的创新。像小企业 e 家这样的网络平台是传统银行重要的数据积累方式,线上的数据资源独占性会进一步强化线上平台战略的自然垄断性和传统银行的市场份额,主动构建互联网金融平台是招商银行在巨大压力下把握先机的方式。

但 2015 年 6 月,首个杀入 P2P 领域的招商银行低调地暂停了小企业 e 家的新标发行工作。招行发布公告表示,小企业 e 家近期将对 e＋稳盈融资项目进行优化,6 月 15 日起 e＋稳盈融资系列项目将暂缓发布。

2. 包商银行的小马 bank

小马 bank 成立于 2014 年 6 月 18 日,是继招行推出小企业 e 家之后,包商银行筹备的独立互联网金融平台,是国内首家银行系综合性智能理财平台,融合了直销银行、金融理财、众筹等主流互联网金融模式,致力于为客户打造最简约便捷的下一代超爽理财平台。小马 bank 整合了传统金融机构,线下的传统业务进入互联网领域,从而在根本上改变了银行业利用网点和客户经理拓展客户的方式,利用互联网营销方式获取客户。在小马 bank 上主要有两大产品:一是"千里马"(项目投标);二是"马宝宝"基金(货币基金)。年收益率平均在 7.5％左右,投资期限较长,一般为 12 个月,偏向中短期理财。

除货币基金外,小马 bank 产品收益率多数分布在 7.0％～7.5％区间,要高于其他银行系平台的产品收益率,但低于互联网 P2P 网贷平台。小马 bank 将客户目标锁定为 25 岁至 40 岁的城市新生主流人群,基于客户的风险偏好及不同理财产品特性,提供专业的理财指导和理财产品配置建议,打造综合性理财平台。作为银行系的 P2P 网贷平台,小马 bank 最大的亮点是 100 元起投的低投资门槛。

小马 bank 是包商银行的线上金融服务平台,平台上的项目、风控模式都来自包商银行的支持。小马 bank 平台上的项目部分来自包商银行。优质债权均由包商银行考察,每个项目都经过了包商银行的风险评估。任何其他金融产品供应商都经过包商银行严格的调查,并通过建立客户风险共担计划最大限度地分散信贷风险,在每一笔债权成立后,会有专业的客户经理进行贷后管理,最大限度地确保项目的安全性。[①]

小马 bank 有来自母体包商银行的风控方面的技术支持,包商银行在小微金融领域有长期积累,并拥有良好的风控技术,可以把坏账降到最低。还有为客户推出的风险测评,测评包括客户年龄、家庭年收入、可用投资金额比例、投资经历、风险承受能力、投资目的等内容。根据风险测评得出客户的理财类型、投资规划、预期收益,并给出该客户在小马 bank 的理财产品配置建议。

2015 年年初,包商银行的小马 bank 经历了成立以来最大的挫折——团队核心成员集体"出走"。小马 bank 原总经理张诚与部分员工因个人原因离职,到了 2015 年 3 月中旬,包商银行已任命信用卡部总经理廖石兼任小马 bank 总经理。这次小马 bank 的大换血对于包商银行来说也是在互联网金融领域试水的一大挫折。

包商银行董事长李镇西曾表示,小马 bank 的建立意味着包商银行试水互联网金融的第一步,然而这一步走得颇为曲折。一方面,团队核心成员集体出走,原小马 bank 总经理张诚创办小马金融平台,注册资本 1 亿元,平台上的产品"马上赚"、"散标理财"、"小马活期理财"三款产品与小马 bank 上的产品"千里马"、"自动投标"、"马宝宝"等产品类似。另一方面被行业内很多人认为小马 bank 是包商银行的直销银行,但从小马 bank 的运营模式来看,它只是互联网智能理财平台,意在试水互联网金融,并不能算是包商银行的直销银行。

小马 bank 在 2015 年 7 月停止发布新项目,目前只剩下一个货币基金类理财产品——马宝宝,收益率在 4.6% 左右,相对于 P2P 市场上的宝宝类产品,马宝宝收益差很多。

---

① 参见小马 bank 官网,https://www.xiaomabank.com/storyIntroduction.do.

3. 兰州银行的 e 融 e 贷

e 融 e 贷投融资平台是兰州银行顺应互联网金融发展趋势,联合甘肃省工信委、商务厅、农牧厅等政府有关部门,为实现战略转型、创新金融服务而打造的 P2P 网贷平台,平台基于 P2B 和 P2P 业务模式,由兰州银行与广东优迈信息通信股份有限公司共同打造,致力于为中小企业和个人提供便利的融资渠道,为全国的个人投资客户提供优质、高收益的投资项目,并通过吸引全国范围内投资者的目光和投资,以满足甘肃省中小企业的融资需求。

基于 P2P、P2B 两种业务模式,e 融 e 贷平台上共提供投资和融资两项业务:[1]

融资面向中小企业和个人客户,由兰州银行提供融资资质见证。融资企业在平台上可以以远低于民间借贷的利息借到中短期企业发展需要的资金;个人申请者则可以方便快捷地申请到用于消费或经营性质的个人贷款。兰州银行按照银行标准审核借款企业或个人融资信息的真实性、抵质押物的有效性,并评估借款风险,将还款风险降到最低。

投资面向全国个人用户,个人投资客户能够以类似固定收益理财模式在平台上找到合适的投资项目。平台支持数十家银行网银、银行卡直接付款,流程简洁,支付安全,为投资者提供低门槛、高收益、风险可控的投资渠道。

相对于其他银行系 P2P 网贷平台,e 融 e 贷的平台项目年化收益率较高,一般在 6%～9%之间,截至 2015 年 10 月,甘肃省工信委、商务厅、农牧厅与兰州银行合力推出中小企业融资项目 200 多个,金额总计 13.8 亿元,并陆续登录 e 融 e 贷融资平台进行线上融资。

政府的介入让兰州银行 e 融 e 贷投融资平台与国内 P2P 网贷行业甚至是银行系的其他平台大相径庭。与其他平台不同,e 融 e 贷有以下几个特点:

(1) 该平台在 P2P 模式的基础上,加入 P2B 业务模式,支持全国用户

---

[1]　参见 e 融 e 贷官网,https://eeonline.lzbank.com/About/Intro.

为甘肃省的中小企业投资。e 融 e 贷的本家兰州银行是甘肃省第一家地方性银行业金融机构,在发展的过程中定位中小微企业,坚持服务中小微企业,其线上平台 e 融 e 贷的上线更是切合了互联网金融的发展,为兰州银行服务中小微企业的方式寻找到了一个全新的切入点。

(2) 作为联合甘肃省工信委、商务厅、农牧厅等政府有关部门上线的平台,因为是政府产业导向的最佳场所,该平台为甘肃商业和三农的发展提供了支持。在同行业中,有政府支持和财政贴息的投融资平台并不常见。政府部门的介入以及基于 P2B、P2P 的模式,e 融 e 贷平台的运作方式也与其他 P2P 网贷平台不同。如果中小微企业想要在平台上提出融资申请,需要通过甘肃省工信委、农牧厅、商务厅等部门推荐融资项目,再经兰州银行提供融资资质评审,项目在平台上融资成功后,省工信委、商务厅等对符合产业政策的相关企业进行贴息支持。政府参与其中的举动有力地表现了产业发展的导向。

(3) 服务于中小企业便利的融资平台。基于政府和平台、银行的合作,e 融 e 贷将甘肃农业和商业类优质项目纳入其中,为甘肃省中小企业开辟了新的融资渠道。

(4) 专注本地三农。兰州银行 e 融 e 贷投融资平台是全国首家专门面向中小企业、"三农"客户的开放式、综合化互联网金融服务平台,也是兰州银行"科技兴行、创新驱动"战略的缩影和范本。

e 融 e 贷平台的上线预示着兰州银行服务开始向互联网转型。为了应对互联网金融的冲击和顺应互联网金融的发展趋势,兰州银行还在 2014 年上线了三维商城,与专注于上游中小企业和"三农"融资的 e 融 e 贷定位不同,三维商城主要销售甘肃特色农产品。2015 年,兰州银行上线"e 住 e 行专业化平台",平台业务范围包括新房、二手房、新车、二手车在线买卖和租赁交易,提供房屋、汽车装潢、家政、家具等便民服务。①

面对互联网金融的冲击,兰州银行的董事长曾说:"只要直面,就是机会;一味漠视,就是威胁。"e 融 e 贷、三维商城、e 住 e 行专业化平台正是抢

---

① 互联网金融的远见者,http://cpc.people.com.cn/n/2015/0113/c87228-26372190.html.

在其他 P2P 网贷平台进军西北地区之前，兰州银行率先布局互联网金融的产品。

4. 民生银行的"民生易贷"

民生易贷是民生电商于 2014 年 7 月上线的投融资平台。民生易贷是民生银行布局 P2P 网贷行业的又一产品，在此之前，民生银行已经上线了 P2P 网贷平台——民贷天下。上线初期两者都是以保理资产项目为主，辅以票据理财。

与民贷天下不同的是，民生易贷是民生电商旗下的互联网金融平台，比民贷天下嵌入了更多的电商元素，自成立伊始便形成了明确的定位和目标：要用互联网思维打造让投资人放心、让融资人称心的金融信息服务平台。民生易贷的推出代表着民生电商正式介入 P2P 网络借贷领域。与其他银行系的投融资平台相同，在民生易贷上很难找到年化收益率超过 8% 的产品。

2014 年是票据类理财业务快速发展的一年，分别有阿里的招财宝、新浪微财富的金银猫票据、开鑫贷的银鑫贷等票据理财产品。民生银行推出的民生易贷也推出了票据类的理财产品，由于银行系电商的背景，民生易贷颇受投资人士关注，主打承兑汇票和定期存单质押融资的首期票据理财产品一上线就已满标，例如，票据质押融资的 e 票通系列和银行定期存单的如意 3 号系列等。自 2014 年 7 月 15 日正式上线后，截止到 2015 年 7 月底，上线一年来累计成交金额已突破 80 亿元。

民生易贷自成立以来，坚持"平台自身不接触现金"、"不设资金池"、"不做资金错配"等原则，严守风险红线不逾矩；在风控上，民生易贷拥有一支具有多年银行从业背景和丰富风控经验的专业化风控团队，并建立了健全的风控体系，运用严格的审验核查机制和风险评估手段。在充分保障客户资金安全的基础上为客户创造更大价值，也树立了"踏踏实实做稳健投资"的民生良好平台形象。

2015 年 2 月 10 日，主打"稳健"的民生易贷，再次为自己增信，正式宣布与中国民生银行达成资金托管合作协议，根据协议，民生银行将涉足互联网金融资金托管领域，为用户推出涵盖融资、结算、资本运作、信息咨询、理财等多层面、全方位的综合金融服务方案。

2015 年 3 月 28 日，由国务院发展研究中心金融研究所、《中国经济年鉴》社、"棕榈树"联合举办的"中国民间金融暨互联网金融论坛"在北京举行，民生易贷银行级的风险控制机制和资金、资产、系统及账户的四大安全保障再次受到广泛关注。① 作为一家安全、稳健、专业、透明的互联网金融机构，民生易贷已成长为国内颇具实力的互联网金融平台之一。

2015 年，民生易贷打造的"互联网+产业链"的全新业务模式，更凸显其风控优势。"民生 e 房"和"大米理财"都是该模式下的细分爆款产品。该模式以金融为杠杆，撬动交易链条，打造带有电商属性的互联网金融平台，为用户提供一站式金融服务，实现了企业和用户在互联网金融平台的直接撮合。

5. 江苏银行的融 e 信

2014 年 11 月 6 日，江苏银行联手江苏省信用再担保有限公司倾心打造的直销银行首款小微客户 P2P 网络融资产品"融 e 信"正式上线。11 月 8 日，第一期项目——"融 e 信 141106000001"完成发行与融资，平台显示共有 84 人投资该项目。

除了企业直接贷款业务，江苏银行 P2P 还上线了银行承兑汇票质押业务——银票宝。这一系列产品的收益率较上述企业借款利率要低很多，收益率普遍在 4.5%～5%，期限两个月左右。相比于"融 e 信 141106000001"1.5 万元的最低投资规模，银票宝的购买金额最低为 100 元。而 4.5%～5% 的收益率在 P2P 网贷行业内属于较低的水平。

在 P2P 网络融资业务中，融 e 信只作为平台出现，江苏银行也不会对业务本身提供增信，江苏银行作为信息中介而非投融资主体参与该业务，对借款项目的合规性进行审核，平台不进行资金池操作，自身不对融资项目提供任何形式的担保，出资人根据风险偏好自主选择借款人进行投资，获取利息收益，并承担风险，借款人到期向出资人偿还本息。同时引入了

---

① 民生易贷获 14 年度"规范化平台"及"小企业服务平台"两项殊荣，http://www.cctime.com/html/2015－4－1/2015411030135618.htm.

江苏省信用再担保有限公司对借款项目提供全额连带责任保证,有效降低出资人风险。

6. 银行系小结

互联网金融是金融发展的一个趋势,各大银行为规避互联网金融和P2P 网贷平台的冲击,开始涉足 P2P 行业。从各大银行系平台表现来看,他们大多数还处于试水阶段。传统金融机构向互联网金融方向转型中,银行较高的风控能力,为银行系 P2P 网贷平台的风控提供了先天的、其他平台无法比肩的优势。

第一,银行凭借雄厚的资金来源、客户来源和项目来源,进行互联网革命的深度尝试——搭建 P2P 网贷平台,逐渐抢占 P2P 网贷行业市场。第二,银行系网贷平台在风控模型和手段、业务流程方面具有得天独厚的优势,但真正由银行做线下风控审核的只有招商银行的小企业 e 家、兰州银行的 e 融 e 贷和包商银行的小马 bank,而平台上的项目也多来源于银行的中小客户,银行能够利用银行内部的客户个体的信用数据来判断该客户和项目的可靠性。第三,在与第三方合作上,银行具有明显的优势。

银行系 P2P 网贷平台项目的收益率保持在行业中的较低水平,比银行一般理财项目高,比其他 P2P 网贷平台的年收益率低,但拥有银行信用背书令投资者相对安心,因此,平台推出的项目多被一抢而空。银行陆续进入 P2P 网贷行业,有可能对出身草根的 P2P 网贷平台造成很大的冲击,同时,银行系平台拥有较为完善的风控模型和手段,会在一定程度上提高整个行业的规范度,促使 P2P 行业向良性方向发展。

银行业凭借其金融背景涉足 P2P 行业,看上去比传统系的 P2P 更可靠。但初入互联网金融的传统银行依旧面临体制固定、创新弱、收益低等困难,从小马 bank 出走的张诚就曾一针见血地指出银行系 P2P 的短板——传统银行既有的体制抑制创新。[①] 在金融领域叱咤风云,利润规模最高的商业银行在互联网金融行业 P2P 领域却成了边缘人。不仅包商银行小马 bank 半年多以来没有一例新标上线,招商银行小企业 e 家也暂缓

---

① 包商银行试水互联网金融,遇银行创新之困,http://www.docin.com/p_1116000562.html.

了新标发行工作。曾被认为是"背靠银行大树"而备受关注的银行系 P2P 网贷平台沦为了银行试水互联网金融的失败之作。体制僵化、各部门利益难以平衡是银行系 P2P 水土不服的关键因素,而在宽松货币政策下,银行体系流动性越发充裕,早已不需要借助委托贷款模式腾挪资产,银行系 P2P 的没落命运似乎早已注定。

在互联网金融业务上,银行有很多可以切入的领域,目前很多银行都已经意识到,与其在 P2P 领域和大家争抢面包,不如在 P2P 存管和托管上发力更为实际。

(四) 保险系:探索中的风控建设之路

中国平安的"陆金所":第一个吃螃蟹的险企

上海陆家嘴国际金融资产交易市场股份有限公司(陆金所),在上海市政府的支持下,于 2011 年 9 月在上海注册成立,注册资金 8.37 亿元人民币,是中国平安保险(集团)股份有限公司旗下成员之一,总部位于国际金融中心上海陆家嘴。截止到 2015 年 10 月底,陆金所平台注册用户达到 1 580 万。

陆金所结合金融全球化发展与信息技术创新手段,以健全的风险管控体系为基础,为广大机构、企业与合格投资者等提供专业、高效、安全的综合性金融资产交易相关服务及投融资顾问服务,致力于通过优质服务及不断的交易品种与交易组织模式创新,提升交易效率,优化金融资产配置,成为中国领先并具有重要国际影响力的金融资产交易服务平台。

陆金所业务范围涵盖:

(1) 金融创新产品的咨询、开发、设计、交易等服务。

(2) 金融类应用软件开发、电子商务。

(3) 金融市场调研及数据分析。

(4) 两大平台:网络投融资平台和金融资产交易服务平台。

① 网络投融资平台:2012 年 3 月正式上线运营,作为中国平安集团倾力打造的网络投融资平台,结合全球金融发展与互联网技术创新,在健

全的风险管控体系基础上,为中小企业及个人客户提供专业、可信赖的投融资服务,实现财富增值。

② 金融资产交易服务平台:致力于通过优质服务及不断的交易品种与交易组织模式创新,提升交易效率,优化金融资产配置,为广大机构、企业和合格投资者等提供专业、高效、安全的综合性金融资产交易相关服务及投融资顾问服务。

大型金融集团推出的互联网金融服务平台与其他平台近几百万的注册资金相比,最大的亮点就是资金和背景的雄厚。凭借着平安集团良好的公信力和优势的品牌支持,陆金所从上线开始就得到了众多投资人的信赖。上线至今,陆金所陆续推出稳盈-安 e、稳盈-安业、富盈人生、结构化创新财富财务顾问服务、应收账款转让信息服务、票据权益转让信息服务等产品。

从风险控制角度来讲,陆金所有专业的风控团队,所有上线的融资业务都要接受陆金所的线下借款审核,包括对借款人的线下验证,要求借款人到指定渠道进行身份验证及资料核对,再将数据上传到后台进行统一风控审核,严格分离客户资金和平台自有资金,客户资金全由第三方支付机构进行资金管理,同时,考虑到现有的信用体系尚不足以判断借款人的信用状况,陆金所引入了平安集团旗下的平安融资担保(天津)有限公司为本息、逾期罚息等进行全额担保,若借款人未能按时还款,并逾期 80 天仍未还清的由担保公司代偿。因此在资金安全上很具有保障性。

被媒体称为"含着金钥匙长大"的陆金所,在平台模式上旗帜鲜明,陆金所董事长计葵生表示陆金所绝不做错配,不做资金池,不设置资产池。这恰恰与央行 2014 年对网贷行业提出的三条红线(非法集资、资金池、诈骗)相呼应。陆金所不像拍拍贷、宜信等 P2P 网贷平台游走在法律边缘打擦边球,为了防范流动性风险,抛弃期限错配模式与资金池模式,虽有些故步自封,但至少在监管政策出台前及以后,陆金所的业务模式是安全的、不受非议的。

2014 年,国内 P2P 网贷行业问题平台共有 273 家,平均每个月就有 23 家平台出现问题。P2P 行业开始进入风险高发期,不仅是平台本身出问题,也有是其合作的第三方或者关系方出现了风险事件而"躺枪",可以说对于 P2P 网贷行业来讲,风控是一家平台的核心竞争力,陆金所和宜信这一类规模巨大且风控模型完善、风控得较好的平台一直起着行业标杆的作用。但 2015 年 3 月 12 日有消息称,国内知名互联网金融平台陆金所,因旗下平安国际商业保理(天津)有限公司借款问题而产生数亿元坏账,第三方评级机构大公国际,甚至将陆金所信用风险预警列入"黑名单"。陆金所方面回应,2.5 亿元保理坏账和陆金所的 P2P 业务无关,该项目由第三方担保机构提供担保,投资者权益不会受影响。陆金所的坏账风波也给国内 P2P 网贷行业敲响了风控的警钟。

2015 年 3 月 18 日,中国平安对外宣布,陆金所的 P2P 业务与平安直通、平安信保整合为"平安普惠金融"集群,陆金所将纯化其作为金融理财信息咨询平台的功能,打造为非标金融资产集散地,构建一个开放的交易平台。而对于目前正积极谋求上市的陆金所而言,先通过 P2P 赚取眼球之后,再以交易平台的姿态去上市,显然更能获得市场的认可。

除了平安集团的陆金所,保险系的 P2P 网贷平台还有阳光保险集团旗下的惠金所、合众人寿旗下的北金所等。保险系布局 P2P 网贷平台的优势在于保险行业业务四通八达,互联网金融作为一个新兴领域,发展迅速,市场巨大,保险机构当然不会错失这个机会。但保险系布局 P2P 网贷市场也比较谨慎,除了平安集团、阳光保险集团、合众人寿以外,其他保险机构多是以入股和合作的形式进军 P2P 网贷平台。

(五)国资系:有利有弊的国字号背景

前文提到,2014 年是 P2P 网贷行业的多事之秋,"跑路"、诈骗、提现困难等平台多达 35 家。正当 P2P 网贷行业进入黑色时期时,国资开始布局 P2P 网贷行业,比如金开贷、蓝海众投、金控网贷等。该系 P2P 网贷平台独特的国资背景,能否改变国内 P2P 网贷行业的现状,重拾投资人对国内 P2P 网贷平台的信心呢?

众多国资进军 P2P 网贷行业,是社会对 P2P 借贷、互联网金融的普遍认可,但并不能化解 P2P 网贷行业的信任危机。

1. 金开贷:"高富帅"同样亲民

金开贷是由陕西省金融办主导,陕西金融控股集团与国家开发银行陕西分行联合发起,是全国首家通过行政审批的国企性质 P2P 网贷平台。

金开贷是 P2P 网贷行业中的"高富帅"。从设立开始就凭借国内首家国有独资的金融互联网服务平台背景而受到业界关注。金开贷有陕西金控品牌和国开行陕西分行的技术注入,通过了陕西省政府金融办对金开贷平台的前置审批,与国内的其他 P2P 网贷平台相比,有国资背景的金开贷具有较强的公信力。一方面,金开贷凭借陕西金控的背景和行业优势,协调了平台与政府和监管部门的关系,另一方面,国开行陕西分行为平台提供产品设计、流程设计、风险管理、IT 等方面的支持。

金开贷在项目挖掘上有不同于其他平台的方式。金开贷的借款项目来源均为合作担保机构推荐,金开贷与陕西省内的各个县市级的融资性担保公司洽谈,参考金融办监管省内融资担保公司的评级分类,选取优质担保公司进行业务合作。同时,与陕西省中小企业信用担保协会联合共建信用平台,完善陕西地方信用数据库。截止到 2014 年 6 月,金开贷共完成了 9 笔融资项目,全部为中小企业经营性借款,总金额为 3 000 万元。

在安全保障方面,金开贷在行业处于领先地位。第一,金开贷与陕西省多家担保机构合作,为投资者提供安全有效的投资风控机制,保障投资安全。到目前为止,金开贷已与陕西信用再担保有限责任公司和陕西省中小企业融资担保有限公司等担保机构开展了融资担保合作。第二,金开贷设立了健全的风险保证金制度,来应对担保不能及时代偿的风险,进一步降低投资者的投资风险。风险保证金制度能够及时有效地保护投资人,该资金由第三方进行监管,秉持专款专用的原则。第三,风险公积金持续稳定。金开贷委托第三方机构对风险保证金进行监管,当出现风险,而担保公司又不能及时代偿时,金开贷将启用风险保证金给投资者代偿,以确保投资者及时收回资金,而所谓的风险保证金是金开贷自身收入的 60%。第四,提供安全可靠的反担保措施。金开贷要求每一位借款人都需要向担保公司提供连带责任反担保,根据不同的融资需求采取差异化的反担保措施,在提供个性化服务的同时,保障投资者资金安全。

2015 年 2 月,宁夏产权交易所与陕西金开贷金融服务有限公司共同发起设立了宁夏金开贷金融信息服务有限公司,为宁夏中小企业带来全新的融资产品。这意味着金开贷逐步迈开开拓全国业务的步伐。宁夏地区中小微企业数量占比较高,具有多样性的资金需求,而传统的商业银行难以全部满足它们的需求。金开贷的引进,将拓宽宁夏资本市场融资渠道。

2. 蓝海众投与金控网贷:广东国资布局 P2P

2014 年,广东省开始布局 P2P 网贷平台,前后有广东金融高新区股权交易中心独资的 P2P 网贷平台——蓝海众投和 2014 年 7 月上线的广州金控控股 75% 的平台——金控网贷。两个平台均具备浓厚的国资背景。

蓝海众投平台是由广东金融高新区股权交易中心管理并运营的互联网金融产品投融资平台,并于 2014 年 8 月正式上线运营。广东金融高新区股权交易中心是由广东省人民政府金融工作办公室直接主管的省级区域股权交易市场。在其股权结构中,广东省、佛山市、南海区三级国资总持股比例为 30%,招商证券和广发证券两家券商各持股 32.5%,深圳证券信息有限公司持股比例占 5%。国资力量中,广东省产权交易集团有限公司持股 20%,佛山市投资控股有限公司和南海金融高新区投资控股有限公司各持股 5%。

蓝海众投集合了强大的资源优势及金融行业浸润多年的丰富经验,致力于为广大投资者提供安全可信、诚实可靠、收益稳定的适合各阶层投资者的创新型投资理财服务。蓝海众投平台依靠互联网金融理念,通过广东金融高新区股权交易中心提供的金融产品及服务,吸引更多全国优质项目,并培育一批合格投资者,引导民间资本参与资本市场建设。①

广州金控网络金融服务股份有限公司是华南地区首家以 P2P 为主营业务的国有控股公司,是由广州金融控股集团有限公司绝对控股,由核心经营团队、国内优秀互联网企业参股共同发起设立的专业从事民间借贷居间服务的专业金融服务机构。公司于 2014 年 4 月成立,注册资本 1 亿元

---

① 参见蓝海众投官网,http://www.vinvest.com.cn/about.jsp。

人民币。①

在目前 P2P 网贷行业良莠不齐的情况下,国资背景是金控网贷和蓝海众投为其自身增信的途径。一方面,国资背景有直接的品牌优势,有利于获得投资者的信任;另一方面,国资背景的平台更易取得与其他金融机构的合作。

相比于金控网贷,蓝海众投有更明显的地域优势。佛山民间有成千上万的中小微企业正在寻找融资渠道,再加上 2014 年年初,佛山出现行业性金融事故,受此影响,各大银行纷纷减少授信,使得中小微企业获得低成本融资的难度加大,各企业更倾向于选择灵活的融资方式,因此在佛山,P2P 网贷行业有良好的发展土壤。在国资背书的情况下,蓝海众投平台上的项目将更容易获得融资,也更容易受到投资者的信赖。这也将有利于佛山本土中小微企业的发展。

同样的,对于金控网贷来说,虽然得益于国资背景的天然优势,但也受到了来自国资背景的束缚和资金控制,上线半年以来,金控网贷的成交量和人气在广州的众多 P2P 网贷平台中一直不高。继而,金控网贷推出了扎根本土市场的产品——"新农贷",旨在满足本土农民的融资需求。

目前,蓝海众投平台上的产品主要是由广东股交中心提供的固定收益类产品,包括稳易盈和众必盈,两个产品的年化收益率分别为 6% 和 8%,投资起点都是 100 元。而金控网贷平台上的投资金额更低,最低投资金额为 50 元。相比于其他民间 P2P 网贷平台,蓝海众投和金控网贷的资本较为雄厚,对于利润的追求低,倾向于低风险的项目,这也就意味着投资者的低收益和企业的低融资成本。

3. 众信金融:借助中关村,走高科技之路

2013 年年末,国内环境污染区域性爆发,雾霾席卷全国中东部地区,京津冀地区受影响极为严重。多年来结构性污染突出,产业布局不合理,空气质量每况愈下,面对强大的环境威胁,社会各界积极探寻改善环境的

---

① 参见金控网贷官网,https://www.gzjkp2p.com/getMessageBytypeId.do?typeId=4&codeType=lt_hover_a.

方法。

2014 年年初,海科融通探寻到一些环保企业由于落后的结构导致产能落后,无法融到充足的资金进行生产改造实现节能环保,这严重阻碍实业的发展并使环境更加恶化。随即海科融通在互联网金融与煤化工等实体经济领域开辟蓝海,众信金融在此背景下应运而生。

2014 年 3 月,众信金融经北京海淀区金融办批准,由北京市海淀区国有资产投资经营有限公司与北京海科融通支付服务股份有限公司共同投资在北京注册成立,注册资金 1 000 万元,公司位于北京市海淀区。

众信金融自成立之日起,就以"支持实业、助力环保"为己任,在 P2P 模式的基础上,开创了 P2B(Person To Business)模式和 P2R(Person To social Responsibility)模式,就是个人向企业借款、个人对社会负责,通过众信金融环保 P2R 平台,用户可以投资环保企业的债权,用资金支持环保实业。力争打通社会闲散资金与环保新能源实体产业的通道,使资金真正能够流向国家鼓励的绿色产业,造福社会。

众信金融的产生源于环保和金融的结合,不同于其他 P2P 网贷平台投资资金去向多元化的发展方向,众信金融的所有项目均属于国家重点发展的环保与新能源单一业态,比如卫辉市豫北化工有限公司、鹤壁宝发能源科技股份有限公司、江油市万利化工有限责任公司、黑龙江华丰煤化工有限公司等多家新能源类企业。

众信金融为何选择单一行业作为平台切入点呢?第一,我国的个人征信体系尚未完善,P2P 网贷平台难以以统一的标准对不同行业不同融资项目进行信用评估;第二,公司及管理层对互联网金融和环保与新能源事业有深入的理解;第三,我国环境污染问题和治理问题逐渐走进公众的视野,是国家、社会亟待解决的一个重大问题,以此行业为切入点会受到社会的普遍关注。

2015 年,国内 P2P 网贷行业门户网站"网贷之家"对外发布了《2015 年 2 月网贷平台发展指数评级》,环保 P2P 网贷平台众信金融的排名相比较于 1 月份上升了 10 个名次,突出表现为在流动性上获得 82.12 分,高于陆金所(49.47 分)、人人贷(47.90 分)、积木盒子(72.48)等知名品牌。而

P2P 行业最大的潜在风险在于流动性风险,P2P 网贷平台除满足投资者对流动资金的需求外,更要加大平台的风险控制能力。在风险控制方面,选择环保与新能源实业为单一平台接入点的众信金融也有其相应的方法。首先在业务模式上有四个步骤可以降低项目风险。第一,借款人均为环保行业优质企业,众信风控信审团队与合作担保机构运用严格的风控模型和评估体系,共同审核筛选平台借款企业,这些借款企业的信息在平台上公开披露,并定期组织投资者赴借款企业实地考察;第二,选择实力雄厚的国有融资性担保公司作为合作单位,以其自身资本承担项目风险,对平台上的债权进行连带责任担保;第三,特设二级市场,投资人持有债权可随时转让;第四,投资人与借款企业直接对接,资金由第三方支付平台托管,资金流转均由第三方支付平台根据投资人指令执行。① 其次,众信金融对借款企业资金使用情况有完善的贷中和贷后管理制度,在起息日之后,众信金融会派贷中跟踪团队实时跟踪、监测借款人资金使用情况,根据实际情况,实时矫正其整体信用评价。如出现借款人可能还款逾期的情况,众信金融会派相关专家指导借款人如何高效还款,以保证投资者的利益。

P2B 和 P2R 互联网投融资平台是一种新型的理财方式,而众信金融以高收益率(12%左右),安全、透明、可预测的操作方式,成熟的风险控制模型和手段以及切合社会问题的行业定位会吸引更多投资者加入。

4. 国资系小结

自 2013 年以来,P2P 网贷平台领域的国资份额不断增加,主要服务中小微企业,除以上提到的金开贷、金控网贷、蓝海众投和众信金融外,地方国资系网贷平台还有金宝保、德众金融、紫金所、海金仓、保必贷和中广核富盈等多家国资系 P2P 网贷平台陆续上线,除中广核富盈外,其他九家均为国有金融企业背景。国资背景决定了 P2P 网贷平台具有较强的公信力,但一般国资背景的投资门槛较高,另一方面,国资系财富管理模式针对性强,风控模式和手段较为完善,但束缚于国资项目的限制性以及风险规

---

① 专注环保新能源 众信金融尝试产业垂直模式,http://finance.ifeng.com/a/20140903/13050208_0.shtml.

避性,国资背景的平台的项目收益率较低,从而降低了融资人的融资成本。

大量国资系 P2P 网贷平台进入 P2P 网贷行业,表明国内 P2P 行业的火爆现状,也暗示了国家相关政策是支持 P2P 网贷行业发展,并加速该行业从蓝海逐渐转移至红海。不过对于国资系平台来说,还有另一个需要担心的问题,那就是国资背景的 P2P 企业缺乏互联网基因,投资者容易依赖于"国资兜底",总体来讲,其市场前景并不明朗。

(六) 高层对互联网金融的态度

2014 年两会期间,互联网金融一词首次在政府工作报告中被提及,国务院总理表示要"促进互联网金融健康发展",简简单单的 11 个字,却在互联网金融乃至整个财经圈子里激起了浪潮,这意味着互联网金融正式进入决策层视野,互联网金融将告别名不正言不顺的尴尬地位,正式进入中国经济金融发展序列,成为中国金融市场不可或缺的力量。

2015 年 3 月,李克强总理在两会政府工作报告中首次提出"互联网+",并且鼓励互联网金融发展。"制定'互联网+'行动计划,推动移动互联网、云计算、大数据、物联网等与现代制造业结合,促进电子商务、工业互联网和互联网金融健康发展,引导互联网企业拓展国际市场。国家已设立 400 亿元新兴产业创业投资引导基金,要整合筹措更多资金,为产业创新加油助力"。这其中,李克强总理将互联网金融的发展形容为"异军突起",这表明,互联网金融的超速发展同样引起了中央高层的重视,国家最高层已经感受到了互联网经济的巨大活力,相信互联网可以为经济发展和改革带来巨大动力。

2015 年 7 月 18 日,中国人民银行、工业和信息化部等十部委联合印发《关于促进互联网金融健康发展的指导意见》(以下简称《指导意见》)。《指导意见》提出,对于互联网金融,既要"鼓励创新、防范风险、趋利避害、健康发展",也要"依法监管、适度监管、分类监管、协同监管、创新监管"。《指导意见》提出了一系列鼓励创新、支持互联网金融稳步发展的政策措施,积极鼓励互联网金融平台、产品和服务创新,鼓励从业机构相互合作,拓宽从业机构融资渠道,坚持简政放权和落实、完善财税政策,推动信用基础设施建设和配套服务体系建设。《指导意见》在互联网行业管理,客户资金第三方存管制度,信息披露、风险提示和合格投资者制度,消费者权益保护,网络与信息安全,反洗钱和防范金融犯罪,加强互联网金融行业自律以及监管协调与数据统计监测等方面提出了具体要求。

《关于促进互联网金融健康发展的指导意见》这一政策的出台,对于整个行业呈现"无监管、无门槛、无规则"状态如何管理给出了明确的答案。也意味着互联网金融行业将进入法治化轨道,对行业的一些不良倾向敲响了警钟,互联网金融行业大浪淘沙在所难免,不符合要求和规范的企业将面临淘汰。另一方面,洗牌之后,那些真正有实力、有潜力、制度健全、诚信经营的互联网金融机构将脱颖而出。

四、从"野蛮生长"到"战国时代"

（一）从爆发式增长到整合洗牌

2013 年,随着余额宝的爆发,互联网金融开始发威,P2P 平台也如草遇春风,蔓延开来。曾有人戏言:"只要有 5 000 块钱和一个服务器,就可以创立一家 P2P 网贷公司。"硬件门槛低,加之市场需求旺盛,监管滞后,P2P 网贷平台数量用"野蛮生长"来形容最恰当不过。据第三方资讯平台网贷之家数据显示,2013 年 P2P 平台交易额接近 1 000 亿元,从业人员超过 20 万人;2014 年新上线平台 1 228 家,截至 2014 年 12 月,国内 P2P 网贷平台已达 1 500 余家,年末贷款余额超过 1 000 亿元,全年成交金额超过

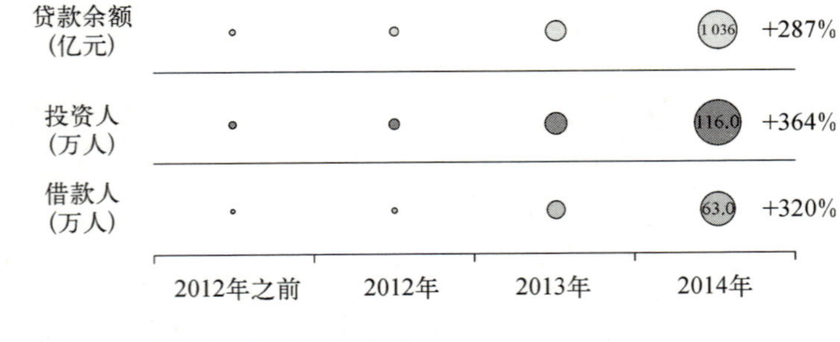

P2P网贷行业规模快速增长，2014年多项指标同比翻番

	2012年之前	2012年	2013年	2014年	
运营平台数量（个）	•	●	⬤	1 575	+97%
成交量（亿元）	•	●	⬤	2 528	+139%
贷款余额（亿元）	·	•	◯	1 036	+287%
投资人（万人）	•	●	⬤	116.0	+364%
借款人（万人）	•	·	◯	63.0	+320%

数据来源:网贷之家、国泰君安证券研究。

图 4 - 1　2012 年至 2014 年 P2P 行业发展数据

2 500亿元。除去银行存款,相比其他成熟的固定收益市场,网贷行业的规模仍然十分微小。据中国社会科学院投融资研究中心预计,2015年P2P网贷平台数量将达到4 000余家,总交易额可能达到1万亿元。

据《中国P2P网贷行业2014年度运营简报》数据,2014年网贷行业投资人数与借款人数分别达116万人和63万人,较2013年分别增加364%和320%,网贷行业人气急速蹿升。2014年网贷总体综合收益率为17.86%。自2014年3月以来,网贷行业单月综合收益率呈现持续下跌趋势,平均下降速度为每月56个基点(1基点=0.01%)。截止到12月底,网贷单月综合收益率跌至16.08%。

2014年,P2P网贷市场依然保持加速成长态势,但"无门槛"、"无标准"、"无统一数据"的状态依然未有改变。伴随行业的井喷式增长,平台"跑路"及坏账风险也开始集中显现。截至2014年年末,风险暴露的P2P网贷平台数量达到367家,综合分析过去一年"跑路"的P2P网贷平台,多数具有运营时间短、高收益秒标多等特征,涉嫌诈骗、违建资金池等非法行为,少数平台则是因经营不善而遭市场淘汰。

2014年注定是中国P2P行业不平静的一年。由于缺乏准入门槛、行业标准和有效监管,部分P2P网贷平台以资金池形式非法集资,造成高收益的"庞氏骗局",将P2P网贷变成犯罪分子的诈骗渠道,严重冲淡了P2P行业中正规企业的社会地位和品牌价值。以圈钱欺诈为目的的"伪P2P网贷平台"明显增加,"跑路"的平台达114个,同比增长75.4%;在全部问题平台中,"伪P2P网贷平台"占比已达41.5%。上半年,中国最大的P2P公司宜信被卷入8亿元烂尾坏账风波,曾疯传其创始人唐宁"跑路";而8月份,红岭创投1亿元单笔融资逾期再次将P2P网贷推向了舆论的风口浪尖。根据红岭创投的一则公告,该平台广州纸业项目借款方失联,涉及借款本金总额1亿元。随着以P2P为代表的互联网金融行业的井喷式发展,随之曝出问题的也是此起彼伏、接踵而至,尤其是处在风口浪尖上的坏账事件,很是让投资者忧虑。P2P网贷平台的出现和快速发展,激活了中小微企业融资贷款的需求。如何更好地进行风险控制、完善征信体系,成为P2P行业的第一要务。

2014年P2P行业已经到达了一个拐点时期,P2P行业迎来了前所未有的倒闭潮,期待本该出现的监管并没有出现。2015 年可以被称作监管元年,P2P 网贷平台的准入门槛、风控要求都进一步明确和提高,P2P 行业重新洗牌。不达门槛、违规操作、经营不善的 P2P 网贷平台将被淘汰,资金端、资产端、资本端将在 P2P 网贷市场重新分布,P2P 行业消肿去泡沫的过程已经开始。P2P 行业正进入淘汰整合期,即将迈入有序发展的新篇章。倒闭潮带来的行业公信力下降只是暂时的,未来行业增长将会指向万亿级、十万亿级。

随着监管细则出台的临近,以及国资系、金融机构系的加入,期望获得长期发展的 P2P 网贷平台开始了行业自律。2014 年 9 月,百度着手清理不良平台,要求 P2P 网贷综合利息不得高于年化率 18%,并符合国家关于民间借贷不得高于银行同期贷款利率的 4 倍。其要求的最后整改日期为 9 月 12 日,否则给予推广下线。受多方影响,P2P 网贷平台的综合收益率一路走跌。根据网贷之家的数据显示,行业收益率在 2014 年 2 月达到 22% 的高点后,连续六个月下滑。8 月,监测的 1 357 家平台综合收益率下跌至 17.46%,至 2014 年年底已跌破 17%。从目前运营较为稳健的平台来看,收益率普遍不高,其中,银行系背景平台综合收益率最低,仅略高于银行理财产品,在 5.7%～7.5% 之间;其次是国资系;上市公司背景平台相对较高,在 10%～14% 左右,但仍低于行业平均综合收益率。"高风险、高收益"这一亘古不变的投资真理,在互联网时代依然有效。随着风险的逐步暴露,投资者会寻找更安全的平台,P2P 投资集中度将会走高,行业进入优胜劣汰的整合时代。

2014 年 6 月,中国手机网民规模首次超过传统 PC 网民规模。不少 P2P 网贷公司开始觉醒。一位 P2P 网贷平台的技术总监曾表示:"如果中国网贷公司没有在移动端推出拳头产品,可能监管之风没等来,就先被移动互联网浪潮拍死了。而移动端的先决核心问题是安全和便捷。"2015 年,手机端的博弈或将成为 P2P 网贷行业的第二战场。

(二) 从草根漫天到大资本进入

创业"草根"气息淡化、大资本进入,成为 2014 年 P2P 行业的典型特征之一。公开信息显示,截止到 2014 年年底,银行系 P2P 网贷平台数量已达七家,其中,国开行在江苏、陕西两省参与发起开鑫贷、金开贷两家平台。此外,2014 年以来,上海、武汉、广州等城市已有十多个国资系 P2P 网贷平台上线。

据不完全统计,2014 年以来,国内至少有近 19 家 P2P 网贷平台获得了融资,融资金额基本都在 1 000 万元以上。2014 年 9 月 12 日,深陷巨额坏账门的红岭创投董事长周世平在其官网论坛中发帖表示,将进行 8 亿元融资,这是其创办五年来首次计划引入风险投资。①

随着 P2P 网贷行业规模的井喷,P2P 网贷平台逐渐成为 PE/VC 的投资热点,成功获得融资的平台数量和融资规模均呈爆发式增长。据不完全统计,2014 年以来至少已有 27 家 P2P 网贷平台获得 A 轮及以上的融资,融资额总计约 6.83 亿美元(其中 2014 年达 5.22 亿美元)。按照相同口径统计,2010 年至 2013 年期间 P2P 网贷平台 PE/VC 融资额仅 7 456 万美元左右。2014 年以来 P2P 网贷平台融资额明显提升。2010 年至 2013 年期间,融资额达到或超过 1 000 万美元的项目约四个,其中宜信网第二轮融资额最高,约 3 000 万美元。而 2014 年以来至少 25 个项目融资额达到或

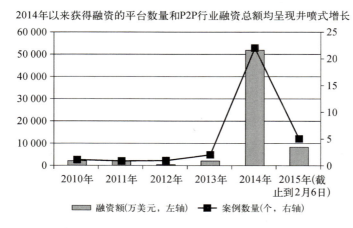

数据来源:根据投资界(PEdaily.com)、IT 桔子(itjuzi.com)、Wind 资讯以及相关 P2P 网站信息综合统计,国泰君安证券研究。

图 4-2 2010 年至 2014 年获得融资的平台数和融资总额

---

① P2P:从"野蛮生长"到"整合洗盘",http://www.xcf.cn/tt2/201410/t20141021_648404.htm.

超过 1 000 万美元,其中超过 3 000 万美元的项目七个,尤其是人人贷的母公司获得 1.3 亿美元 A 轮融资,超过 Google 对 Lending Club 投资的 1.25 亿美元,刷新了全球 P2P 平台融资之最。翼龙贷传言获得联想控股高达 9 亿元的投资,刷新了 2014 年年初人人贷的融资记录。

(三) 政策日趋明朗,行业领头军有望担重任

如果说 2013 年 P2P 网贷平台还有被叫停的担心,2014 年则迎来了政策暖风。国务院总理李克强"促进互联网金融健康发展"的表态明确了政府对互联网金融的立场。2014 年 4 月,国务院决定由银监会牵头承担对 P2P 行业的监管和研究,P2P 监管归口问题得以确认。9 月,国务院副总理马凯在江苏调研时指出,P2P 作为互联网金融的关键部分,可以有效降低交易成本,规范民间借贷。P2P 行业的发展被提到一个新的高度。

银监会经过多次企业调研后,提出 P2P 网贷平台的监管思路,明确了合理设定业务边界的四条红线:一是要明确平台的中介性;二是明确平台本身不得提供担保;三是不得搞资金池;四是不得非法吸收公众存款,并且在实现行业规范之后,银监会与银行或第三方支付机构或将开展资金托管业务。2014 年 8 月,银监会创新部副主任杨晓军在中国互联网金融发展圆桌会议上,进一步细化了 P2P 监管的五条导向。第一,要"明定位",P2P 机构是为出借人和借款人提供信息服务的机构,自身不承担信用转换、期限转换、流动性转换的职能,P2P 公司应当"不碰钱"。第二,P2P 机构应与客户资金严格隔离,实行独立第三方托管。第三,"有门槛",P2P 机构应具备一定的从业门槛。第四,"重透明",面向出借人的充分信息披露和风险揭示。第五,"强自律",鼓励行业自律规定,及时推行行业最佳实践。

互联网金融作为新生事物,各国对其监管都处在摸索中。这其中英国的做法更值得借鉴。英国三家最大的 P2P 公司联合成立了行业协会,在年利率、标准化违约率的计算口径与合理披露等诸多问题上达成一致。在此基础上,行业协会设计了一套合理的监管框架,并将其提交给英国政府,要求政府对行业进行监管。对三家企业来说,政府监管会为他们设计的这

套体系增加了公信力。英国金融行为监管局对这一提案进行评议后,将其上升为议案交给大众评判,最终于 2014 年 4 月签署生效。

中国的金融生态与法律体系虽与欧美不同,但在互联网金融这一创新领域的监管上,政府表现出鼓励创新的态度。"还是支持鼓励创新,同时要求大家注意防范风险,监管上应该保持灵活度和容忍度,留有一定的发展空间。"中国人民银行条法司司长穆怀朋曾表示,对这种新型的业务形态,监管机构需要一定的观察期、积累一定的数据。

早在 2013 年 12 月,由央行下属中国支付清算协会牵头,与 75 家机构共同成立了互联网金融专业委员会,这被认为是中国互联网金融领域最高级别的行业自律机构。75 家机构中就包括了翼龙贷、宜信、拍拍贷和陆金所等 10 家 P2P 网贷平台。当时就有业内人士分析称,该专业委员会将对这 10 家平台的模式和发展进行跟踪观察、研究,并以其作为蓝本,探讨制定 P2P 行业相关标准。2014 年 9 月 12 日国务院发展研究中心主持召开了互联网金融闭门会,就互联网金融的发展和创新监管听取了各方意见。

自从 2014 年首次明确 P2P 监管归属银监会之后,2015 年年初,银监会在进行组织架构改革中,专设普惠金融部,加强对小微、三农等薄弱环节服务,并对小贷、担保、网贷等非持牌机构进行监管协调,管理权责进一步明确。

2015 年 7 月 18 日,央行等十部委联合发布《关于促进互联网金融健康发展的指导意见》(以下简称《指导意见》),这是互联网金融行业第一个顶层设计监管方案。《指导意见》强调了互联网金融本质是金融,风险控制仍是重头戏。如何把风险关进盒子里,《指导意见》里有两条规定值得关注。第一条是个体网络借贷机构(P2P 网贷平台)要明确信息中介性质,主要为借贷双方的直接借贷提供信息服务,不得提供增信服务,不得非法集资。第二条是从业机构(P2P 网贷平台)应当选择符合条件的银行业金融机构作为资金存管机构,对客户资金进行管理和监督,实现客户资金与从业机构自身资金分账管理,客户资金存管账户应接受独立审计并向客户公开审计结果。通俗一点讲,第一条规定是禁止 P2P 网贷平台做资金池,第二条规定是必须由银行来进行第三方托管。这两条规定的核心目标是保证投资者资金专款专用,避免 P2P 网贷平台挪用或恶意侵占。另外,指导意见中明确指出:"支持具备资质的信用中介组织开展互联网企业信用评级,增强市场信息透明度。"从这种表述中可以做两种推论,一种是鼓励目前没有资质,但掌握 P2P 网贷大数据的中介机构去申请评级资质。另一种是鼓励有资质的机构去参与评级。这背后隐含的一个逻辑是,评级机构需要具备专业性,需要设置门槛来保证评级的专业性。在《指导意见》出台之后,互联网金融细则即将出台,意味着 P2P 评级机构的监管正在逼近。P2P 行业急需建立起真正支持互联网金融良性健康发展的评级体系,评级机构应该具有独立性,评级机构和被评级的企业不能有商业关系。公正之外,要保持客观,这是 P2P 评级机构目前的难点。目前多家 P2P 评级机构所用的数据,基本上是以公开信息为主,以平台披露的公开交易、公开收费、风控措施为主。而大部分 P2P 网贷平台财务数据并未公开,这也使得评级机构难以获得充分的数据。因此,如果评级要客观,在技术上要做数据对接,把平台的数据传导过去。因为平台每天把数据传导过去,要造假的难度就更大。①

(四) 硬币的另一面: P2P 网贷平台的信用危机与应对

1. 不断涌现的 P2P "跑路" 倒闭事件

随着互联网金融的发展,在过去的两年里,P2P 网贷平台也迅速膨胀。在新网贷平台不断上线的同时,也不断有问题平台出现。据不完全统计,截止到 2014 年 12 月底,发生问题的平台共有 261 家,问题表现为提现困难、老板失联、网站无法打开以及诈骗等,而 2013 年问题平台数为 79 家,增长率高达 302.68%,创历史新高。从具体问题类型来看,提现困难占 61%,诈骗或"跑路"占 31%,停止运营占 8%。

从倒闭平台的总体情况来看,就其背后原因主要可分为以下几点:

第一,建立平台是以圈钱为目的进行的诈骗行为。这类平台一般以

---

① P2P 评级监管正在逼近,http://gb.cri.cn/44571/2015/11/03/7872s5153077.htm.

"高息"、"短期标"吸引投资者,发布大量假标吸收资金后便卷款"跑路",表现为平台突然无法登录或是负责人消失等。

第二,平台自融。指的是有资金需求的人自己设立一家 P2P 网贷平台,为自己或相关企业进行融资"输血",资金并没有流向真实的借款人。这类平台的特点集中表现是高息短期,贷款人不多,但单个贷款人的贷款金额却非常高。自融平台在操作上直接触犯了银监会所划定的四条红线之一的不得非法吸收公众资金,而 2014 年上半年出现问题的中宝投资就是其中的典型。

第三,平台运营不善,无力支撑,最后选择关闭平台。平台运营出现问题的原因主要有两个方面,一是"拆标"及期限错配导致平台资金链断裂,借新还旧的"把戏"没有及时跟上;另一方面就是平台本身的风控力度不足,让一些"坏标"上线,贷款无法按时收回,致使平台无法正常运营。

第四,被坏账拖累致死。随着 P2P 行业的野蛮生长,及一些国资背景的大企业乃至上市公司加盟到这个行业,各网贷平台加快了做规模、大肆圈地的步伐。虽然一些网贷平台对外声称坏账率只有 1% 左右,实际上由于没有第三方数据,其坏账率"全凭自己一张嘴"。

2. 红岭创投的大额坏账

红岭创投 1 亿元坏账,敲响了平台偿付能力的警钟。2014 年 8 月 28 日红岭创投 CEO 周世平在其网站论坛上发表《利空来了,慢慢消化吧》的帖子主动曝出旗下广州纸业贷款项目出现 1 亿元坏账。这也是 P2P 行业有史以来被证实数额最大的一笔坏账。由于涉案借款有动产质押,但因处置周期较长,红岭创投宣布全部借款将于到期前由红岭创投先行垫付。①

2014 年 8 月底曝出的 1 亿元坏账风波还未消散,2015 年 2 月 7 日老牌 P2P 企业红岭创投再曝出 7 000 万元坏账。红岭创投证实这一消息,表态将为此次坏账兜底,并承担本息兑付。尽管公司已于第一时间做出回应并提出应对方案,但这并未打消外界的担忧,特别是对整个 P2P 行业的担

---

① P2P 网贷的 2014:红岭创投 1 亿元坏账敲响偿付能力警钟,http://money.163.com/14/1213/09/ADB91B8400253B0H.html.

忧。加速暴露的 P2P 风险,为 P2P 行业前景蒙上了一层阴影。

3. P2P 圈的"傍干爹"事件引发信用危机

面对 P2P 的倒闭潮,起步较早的"草根系"P2P 网贷平台纷纷寻找可傍的大树。2014 年 8 月,爱投资和人人聚财先后被"投资方"撇清关系而陷入"罗生门"。2014 年 1 月,爱投资和中援应急在钓鱼台国宾馆举行了盛大的新闻发布会,向外界宣布爱投资获得中援应急的首轮投资,金额未对外公布。中援应急成立于 2007 年,是民政部紧急救援促进中心绝对控股的公司。但民政部紧急救援促进中心发布于 8 月 26 日的一项声明,则否认与爱投资有关,并称旗下参股企业"中援应急投资有限公司曾战略投资'爱投资'网站"为后者恶意炒作,民政部紧急救援促进中心已向国家有关部门举报。

8 月 27 日,人人聚财在深圳隆重召开获得 A 轮融资的新闻发布会,称其获得博时资本的注资,并请来了博时资本方面的"代表"现场发言。现场发布的新闻通稿显示:"人人聚财成为国内首家由基金公司直接注资的 P2P。"公开资料显示,博时资本是知名公募基金博时基金的全资子公司,其注册资本为 5 000 万元。当日晚间,博时基金向媒体告知,其子公司博时资本入股人人聚财的消息不实。博时资本在随后进一步明确:其曾于 2014 年 8 月受单一委托人投资指令委托,用资管计划产品财产受让人人聚财股权,该业务属于博时资本事务管理型的业务,"博时资本入股"说法不成立。除此之外,博时资本与该网贷公司无其他合作。

在引资方面刻意炒作和夸大宣传,俨然已经成为 P2P 行业的一个共同特性。除了人人聚财和爱投资外,也有其他机构在引资时格外突出其股东的特别之处,通过嫁接投资方的信誉来增强平台的知名度、信任度。有的机构宣称获得了某国有背景的基金的出资,但是实际上这只基金只是 LP(Limited Partner,有限合伙人)层面有政府引导基金而已,和宣传的内容有天壤之别,但普通大众可能并不知情。从这方面来看,强大的背景仍是 P2P 网贷平台获取民众信任的最佳途径。

4. "去担保化"惹纷争

随着 P2P 行业的发展,是否担保成为 P2P 网贷平台重要的划分线。

目前,担保公司是P2P网贷平台的"标配",但担保方式、担保程度却是千差万别。在陆金所、人人贷、有利网、拍拍贷、点融网等P2P网站,都醒目写着对本金保障的各种措施,有的直接写着"本息保障"。

所谓平台担保,就是指P2P网贷平台本身参与了担保,如以设立风险基金的形式,承诺对出现逾期的标的第一时间进行补偿。在平台担保的模式下,如果发生违约、无法偿付的情况,P2P公司就得自掏腰包承担责任,如果平台垮掉或者是"跑路"了,那么投资者可能就不知道借款人了。P2P网贷平台公司本身也风险加大,如果有一笔大单子违约可能影响到公司存亡。平台担保模式对平台要求很高,P2P网贷平台本身是否有能力覆盖风险,投资人需要关注。平台参与担保的资金从何而来?是平台公司拿自己的钱去承担?还是用新进入的资金来覆盖原有的项目风险?

目前,宜信、人人贷、红岭创投等平台都直接或间接参与平台担保。也有P2P公司将风险转移到担保公司,由第三方担保公司承担风险。但第三方担保公司担保也存在风险,如何防范担保公司的道德风险,也考验平台对担保公司的掌控力。2014年年底,贷帮网合作机构前海租赁批量出售的债券项目出现集体逾期,至今仍有1 280万元资金尚难知晓流向,随后平台负责人公开发表"不兜底"言论。一时间,P2P借款发生坏账、逾期后,平台是否应该"兜底"引起了业界的广泛争议。

现今的股票市场已经初步培育了投资者风险自担的意识,但P2P行业依旧还是没能成功,刚性兑付已成为行业继续发展的瓶颈。2014年以来,P2P网贷平台频频出现项目逾期,尽管不少平台负责人坚持通过担保公司或平台自身实力来进行兜底,但大额坏账事件的曝光也令投资人对P2P行业担保能力产生质疑。不少业内人士认为,尽管P2P网贷平台定位信息中介,但同时却不断为坏账项目买单,令平台频频陷入刚性兑付的困境,不少平台已经开始尝试"去担保化",但真正实施落地却异常艰难。

目前来看,P2P网贷平台往往采取两种方式来承担信用风险:一是凭借自身风控能力进行本息的全额担保,二是引入外部机构进行担保。当前,P2P担保思维依然沿用传统银行的方式对投资者进行"兜底",即便发生逾期,也是由平台或者通过不断发标来进行填充资金坑,或者外部融资金额进入以承担坏账。陆金所董事长计葵生曾透露,由于陆金所规模快速扩张,曾经为其担保的平安投资担保有限公司即将触碰担保额度为注册资本金 10 倍的杠杆红线,因此,陆金所早已在酝酿"去担保化"的实施。

P2P 网贷平台风险逐渐暴露,作为信息中介而非信用担保中介,P2P 网贷平台去担保化势在必行。但是如果现在就落实,一方面会降低对投资者的吸引力;另一方面,也会阻碍平台和行业的发展、成长。P2P 要实现去担保化,还需要完善相关法律,加强平台风控,强化项目信息披露等。

担保公司向借款人收 3%～5% 的担保费,担保公司在 P2P 链条中扮演的是什么角色? 在部分 P2P 网贷平台的模式中,担保公司负责提供贷款项目。由担保公司先发现并审核项目,项目好,借款人状况不错,愿意提供担保,就会推荐给 P2P 公司。保费费率的高低根据借款人的风险确定,借款人资质好、风险低,保费就略低,如果借款人风险较高,担保公司的保费则会提高,以能够覆盖其风险。

一般而言,担保公司除了向借款人收取 3%～5% 的担保费,另外还有一笔项目分成。据了解,在 P2P 网贷平台上,一笔收益为 12% 的投资后面,借款人可能付出的成本超过 20%。担保公司要收取 3% 的担保费,P2P 网贷平台收取 2% 左右的服务费,如果有第三方支付托管的还需要支付约 2% 的支付费用,再加上项目分成,这笔贷款对借款人的总体成本超过 20%。有些风险较高的项目借款人的成本达到 30%、40%,不过个人投资人只获取 12% 的收益。

有担保就安全吗? 虽然目前绝大多数的 P2P 网贷平台都宣称"有担保公司,本息保障",但担保后面还有文章。如果担保公司能完全覆盖这些风险,那为什么还有不少 P2P 网贷平台倒闭"跑路",投资者血本无归? 各家担保公司跟 P2P 网贷平台签订的协议不一样,很多都是一般性的有限担保,借款人无法还款就找担保公司。而与之相对应的无限担保,除了找担保公司,还可以找 P2P 网贷平台。虽然都是担保公司,但担保公司的性质却有天壤之别。因为担保公司也要有分辨,是否具有融资性担保牌照。融资性担保机构是特许机构,需要通过地方监管部门前置性审批许可并获得《融资性担保机构经营许可证》后,才能在工商等相关部门注册登记成立。而非融资性担保机构尚未实行准入管理,其注册登记没有前置性的行政审批要求,也不持有经营许可证,只要符合《公司法》等相关规定,直接进行工商注册登记或其他注册登记即可成立。融资性担保公司主要是与银行合作,有银行授信额度、替借款人担保;而非融资性担保机构,主要做一些类似诉讼保全担保、投标担保等履约担保业务。现在很多 P2P 网贷平台找的担保公司都是没有融资性牌照的空壳,其担保能力没有监管和考核,担保公司也有实力优劣之分。不少 P2P 投资者被 P2P 网贷平台"本息保障"的担保机制所吸引,却不知事后是否真的有保障。

其实,担保只是增信手段,真正的风控要靠对借款人有力的调查,而有风控和调查能力的担保机构仍凤毛麟角。

(五)谋变与逆袭:国内 P2P 行业的创新

对于 P2P 行业发展而言,如果说监管是一种辅助手段的话,那么在关系到 P2P 网贷平台自身方面,譬如平台资金实力、风控能力、资金流透明度、平台方信用度、投融资速度和问题处理的高效性等方面,如何进行创新,则是 P2P 行业长足发展的根本。

1. 提高 P2P 网贷安全系数的"先行赔付"模式的出现

所谓先行赔付,就是当经营者不在的时候,消费者可以向市场主办单位提出赔偿,然后再由市场主办单位对经营者进行追偿。只要消费者的理由是正当而且充分的,市场主办单位就应站在消费者一边——即使经营者在的时候,但如果不能实现赔偿的话,市场主办单位也应该想尽各种办法,要求经营者予以赔偿,实在不赔偿的时候,主办单位有义务保护消费者权益,满足消费者的索赔要求。也就是说,先行赔付是消费者在无法获得应承担实体义务的经营者赔偿时,可以向一个相关第三人索赔,再由该第三人向应承担实体义务的经营者追偿的一种售后服务体系。

针对 P2P 坏账,不同的 P2P 网贷平台面对这个问题会有不同的解决方法。(1)风险担保金模式,平台从自身服务费中抽取一定比例以风险担保金形式留存起来,一旦发生坏账,用于偿还投资人的本金。(2)担保公司担保模式,平台跟担保公司合作,担保公司对投资的本金和收益进行担保,一旦发生坏账,都由担保公司进行赔付,但由于担保公司大小规模有限,赔付金用完就不赔了,而且赔付时间比较长,投资者的利益将大幅缩水。在赔付金额方面,各家平台也略有不同,但综合来看分为两种,一种是只赔付本金;另外一种是只赔付一定期限标的本息,并非所有标的本息都会进行足额赔偿。但对于未来,行业无论是在投资者教育层面、监管层面,还是行业自身的底层架构层面,都还需要逐渐完善,包括征信体系、技术力量、法律更新、市场成熟度等各个方面。P2P 网贷平台最终比拼的将会是效率、信用、利益最大化。

在 P2P 行业混乱洗牌之际,如何保证平台的核心竞争力,让平台从根本上立于不败之地呢? 其中优秀的风险把控能力是重中之重,虽然说贷前风控是关键,但是百密也有一疏,因此贷后风控能否做好成了该平台能否生存的生死点,因为万一出现坏账、烂账则直接关乎投资者的资金安全和投资收益。[①]

2. 商业承兑汇票:P2P 票据贷的终极选择?

2014 年,一些知名 P2P 网贷平台的信贷类产品往往一上线就被"秒杀",投标排队现象严重,票据理财产品应声成为 2014 年互联网理财的热门货。事实上,各家推出的网上票据产品,基本上都是基于银行承兑的汇票,如金银猫、票据宝、招财宝之后,P2P 网贷平台的开鑫贷、民生易贷等。商业承兑汇票由于无法保证到期承兑成功并未进入公众视野。但笔者认为,对于互联网而言,没有银行刚性承兑保证的商业承兑汇票,恰恰才应是 P2P 网贷平台的首选。

由于银行承兑汇票的安全性,因此,一般情况下,其贴现利率、再贴现利率均低于银行贷款基准利率。只有在银行承兑汇票(以下简称银票)急剧泛滥、银行同业间市场资金又特别紧张的情况,才有可能出现偶然的倒挂。按照低风险、低收益的商业规则,其实是不应该出现贴现利率高于贷

---

① 优胜劣汰,先行赔付成 P2P 行业杀手锏,http://science.china.com.cn/2014 - 10/22/content_33839979.htm.

款利率现象的。目前,一般银行开具的银行承兑汇票的贴现利率基本上在3%~5%之间波动,大概介于一年期定期存款利率与一年期贷款基准利率之间,甚至有可能低于银行保本的理财产品收益率。

再看互联网金融集聚资金的特点,高收益是 P2P 网站吸引投资人的最重要法宝,如果开出 3%~6% 这个价格来吸引资金,一是几无可能,二是参与方均无利可图。但为什么仍有 6%~8% 的银行承兑汇票类产品在 P2P 网站销售呢?原因有三:一是这些票据大都是银行不太愿意接受的小额票据,二是这部分票据有瑕疵,无法通过银行进行贴现(例如无真实贸易背景,无法提供增值税发票,流转过程中产生的风险票据等),三是极少部分由于票据价格信息不对称、贴现效率问题而被客户推送至 P2P 网贷平台,这也是当前票据类 P2P 供应量不足的原因。

事实上,上述原因正是 P2P 银票产品的致命硬伤。原因有三:

一是随着票据市场的正常化,前几年由于银行在发放中小企业贷款的同时强制要求企业派生开具的银行承兑汇票,随着中小企业的贷款量下降而大量减少(很多银行给中小企业发放贷款的时候并不直接发放现金,而是要求其将贷款作为保证金再开一轮至两轮银行承兑汇票,银行可以一方面产生与贷款等额的派生存款,另一方面又收取一次贴现费用),导致银行一是不停下调贴现利率,二是在收不到更多银票的情况下将以前不愿意贴现的小额票据也收入囊中(或集中收取企业小票来帮助企业换取等额大票)。与此同时,随着中小企业借款的风险增加,民间资金大量涌入银行承兑汇票贴现市场,小额票据贴现的利率也随之一路走低,民间票据贩子大小通吃,且价格普遍低于银行贴现利率。一些小企业也互相买卖或通过贩子买卖小额银票来支付货款。事实上,现在能够收到贴现率高于一年期贷款利率银票的机会非常之少。

二是关于瑕疵票据。其实不用多说,既然是银行不接受的瑕疵票据,其顺利兑付的难度就会加大,易形成风险。当然,现在相当一部分票据由于缺少真实的贸易背景及相应的增值税发票,导致无法进入银行贴现通道,这部分所谓"光票"会进入 P2P 网贷平台。光票兑付没有太多的风险问题,但是由于民间又存在大量的贴票公司,利用众多注册的贸易空壳公司或大企业平台,进行合同与增值税发票的包装后,再进入银行贴现,因此这部分票据也在减少。

三是事实上,银票之所以难以成为 P2P 网贷平台的资金出口,其根本原因仍在于银票的正常变现通道是银行贴现,资金来自银行间同业市场,其性质大都为银行闲置的头寸性质资金,其成本是极低的。P2P 网上吸收的资金,要与银行拼成本来获得稳定的银票来源,是无法长期实现的。因此银票类 P2P 网贷产品,从设计上就存在先天不足,它违背了低风险、低收益的原理(当然,银票本身也存在克隆风险、背书风险和延迟兑付风险)。即使能够产生一些业务,终无法规模化。银行承兑汇票的先天属性,决定了其无法成为 P2P 网贷产品的一个主流资金出口。

我们再看商业承兑汇票,由于缺少银行刚性兑付保证,似乎无法在互联网金融环境中生存。事实上,商业承兑汇票(以下简称商票)在线下金融环境中,也大都因为保证不力及中国企业缺少信用支撑而成为非主流。基本上除了在银行授信范围内的企业才会开具一些商业承兑汇票,并且一般也是通过银行授信的企业进行贴现,否则根本无任何用处,无法变现,企业间接受度极差。同时,由于商票贴现需要占用开具单位或贴现单位的授信额度,因此,现行商票大都已接近银行承兑汇票性质,脱离银行授信支撑的商票大都无法流通。不过有一类商业承兑汇票在银行体系外市场中仍然能够得到一定程度的承认,那就是知名企业、大型国企、财务良好的上市公司等机构开具的商业承兑汇票。由于出票方具有相当的社会认知度及信用度,这些企业开具的商业承兑汇票能够在市场上得到一定范围内的流通,部分民间金融公司也接受其贴现,但是贴现价格高于银行承兑汇票的价格,按现在的行情来说,一般在年化率 7%～12% 之间。为什么说商业承兑汇票具有 P2P 金融资金出口的成长性呢? 主要原因如下:

一是商票的市场贴现价格极吻合 P2P 资金的市场价格。作为一种可持续的盈利模式,P2P 资金来源的价格低点一般在 7%～8% 之间,而与优质企业的商票贴现价格有 1%～4% 的价差,这就给参与方及平台提供了盈利的空间,而且商票由于是企业信用,其贴现性质与价格一直等同于银行对企业的贷款,因此,作为 P2P 的资金出口,其可持续性、可复制性强,应用范围极广。

二是商票的风险等级差别较大，因此贴现的价格差也极大，符合 P2P 金融产品分类的特点，从优秀企业向一般企业的迁移，对应的是贴现利率随着风险的变化而同步变化。

三是商票的透明性可以充分展现 P2P 去中介、高效率的特点。目前 P2P 资金的出口一般是依赖基金公司、小贷公司、担保公司、P2P 线下团队而产生的企业或个人需求，其透明度并不高。投资人只能根据网站公信力、保证人或者所谓的抵押物来判断风险程度，对借款人本身完全不了解，也给大量平台的欺骗行为带来了可乘之机。而商票建立在企业商誉基础之上，投资人可以直接看到出票人本身。

四是商票风险的辨识度相对较高，兑付期限短，有一定的风险可控性。投资人可根据个人风险喜好，自由选择企业资质交易。而且商票一般期限为三个月以内，最长不超过六个月，投资人完全可以根据企业外部公开信息来简单判断其风险程度。一般情况下，优质企业、知名企业、上市公司在三个月左右的时间内倒闭的比例应该远远低于当下 P2P 网贷平台项目的坏账比例。同时，商票的收票人作为当然的保证人，也是商票承兑责任的一方，P2P 网贷平台做这种类似应收账款保理及知名企业担保的信贷产品，其风控难度远远低于当下绝大多数 P2P 网贷平台的信贷产品。P2P 网贷平台也可以通过增加小贷公司、担保公司等其他手段来为此类产品增信。区域性企业、中小型企业的属地投资人，也可以根据自己对当地企业的了解，来判断投资风险。这样，全国性知名企业吸引全国投资人、地方性知名企业吸引属地投资人，地方龙头企业也可以获得地方投资人的青睐，P2P 网贷平台基本不需要设定风险托底机制，完全由投资人选择。

五是商票的票源较充足。由于是企业自主开具，在无需向银行申请贴现的情况下，一般不受银行授信限制。同时，企业上下游间普遍存在着货款结算账期，正常情况下，优质大企业的供货方可以通过应收账款保理方式取得一定程度的银行贷款，但这种贷款获得的比例、难度、折扣及效率，往往并不能满足供货方的资金流转需要。在商票可以获得 P2P 金融变现的前提下，供货方完全可以要求购货方在账期未到时出具商票，及时获得流动资金。这种商票的贴现完全类同于应收账款保理贷款,且手续极其简单,比当下的供应链金融工具效率更高。网络的透明度在一定程度上也容易控制开票企业的信用总量,操作方同时要充分把控贴现企业的贴现总量以及与开票企业间的真实贸易背景调查,防止商票贴现成为不良企业的提款机。这种方式有可能在一定程度上让中小企业从供应链的弱者地位及庞大的应收款泥潭中解脱出来,对加快市场资金的流动性、优化市场资金配置有明显价值。①

综上所述,P2P 票据类产品更好的选择方向应是商业承兑汇票,只是各家机构应根据自身优势,在操作过程中积极创新、严格设计风控流程。

3. P2P 股票、期货配资业务:打擦边球的新玩法

自 2014 年下半年股市开始转暖,融资融券、股票配资等融资渠道也空前火爆。但是,随着监管层加强监管券商两融业务,包括证监会重启两融检查、银行加强信贷管理、保监会开展险资两融业务检查,"杠杆牛市"将让股市步入慢牛。然而,对投机客来讲堵上了正规的融资渠道,他们便转道配资公司或 P2P 进行融资加杠杆。2014 年以来,门槛较低的股票配资业务量已呈现上升趋势。

国内证券资产 50 万元以上的投资者其实只是少数,跟两融相比,配资门槛低、放款速度快、杠杆更高,因此,当两融业务受到证监会警示后,股票配资便成为资产不足 50 万元的投资人的首选融资渠道,不少投资者会去做股票配资。但是也正如"股市有风险,入市需谨慎"所说的,为博取更高的收益而以多倍杠杆入市也意味着将要承担更高的风险。国内的股票配资业务在线下已经发展了十多年,股票配资公司在国内遍地开花,并且随着互联网的普及,不少线下的配资公司在近年来还开设网站来招徕用户,而且连近年来迅速崛起的 P2P 网贷平台如投哪网、PPmoney、钱程无忧、不差钱等多家平台都纷纷新增股票配资业务。

配资与融资融券均为杠杆交易,但两者有着区别:配资具有可购买证

---

① 为什么说商业承兑汇票才可能是 P2P 票据贷的终极选择,http://news.163.com/14/0909/17/A5NFBJ3H00014SEH.html.

券品种丰富的特点,除少数 ST 类股票外,均可使用配资买入,而两融仅可买入不超过 1 000 只的两融标的股;配资的门槛低,只需要几千元本金就可参与配资炒股,融资融券需要 50 万元以上证券资产才能开通;融资融券杠杆并不高,一般为 1.5 倍至 2 倍,而 P2P 配资的杠杆通常都在 3 倍至 6 倍,而线下的配资公司给出的杠杆甚至可达 10 倍、15 倍。不能忽略的是,即使在牛市行情下也不可不提防股票配资所潜藏的风险。很多投资者在配资后都会进行满仓操作,如果判断失误的话,或者遇到极端的行情,高杠杆就会带来极大的亏损。

此外,从国内法律角度来看,配资公司其实是打了个擦边球,由于在签订配资合同时,并不是以配资公司的名义签订的,而是以公司负责人或其亲友的个人名义签订的,这样便属于合法的民间借贷关系,按照合同规定资金借入方向出借方定期支付收益并不构成违法。同时,配资公司只是扮演了中介和借贷担保方的角色,并不涉及整个资金和账户出借的过程,这样便成功绕过了相关法律和法规的限制。而且,期货配资在 2011 年被证监会命令叫停,因此处在灰色地带的股票配资所存在的政策性风险也不可忽视。

因此,对股市没有深入了解、没有丰富操盘经验的投资者不要轻易尝试股票配资,配资后所有的操作都被上了杠杆放大,收益被放大的同时风险也被提高了。如果投资人对账户中的资金管理以及仓位控制无法做到全盘掌控的程度,只抱着赌一把的心态配资,一旦发生市场的短期回调就可能导致血本无归。

4. P2P 租车异军突起,融入互联网盛宴

在 2015 年春节假期里,人们在欢心回家过年的同时也在各个城市遗留下"留守汽车",也就是因为各种原因导致与车主较长时间"人车"分离而被彻底闲置的私家车。即便是在非节假日,也有大量私家车处于闲置状态。

正是这种限制资源和日益增长的对车辆需求的不断提高,给 P2P 租车这种新兴模式带来了巨大机会。所谓 P2P 租车,指的是车主可以将手中闲置的私家车放在平台上出租,有用车需求的用户则可以通过手机

APP 找到附近可租的车辆。这种新兴模式一经出现就受到创业者和资本追捧。2012 年成立于新加坡的 PP 租车在进入中国市场的这段时间里,已经获得 B 轮融资,后来的进入者还包括宝驾租车、凹凸租车、友友租车等也都相继融资,资本热度和创业热度可见一斑。除了 PP 租车、宝驾租车、凹凸租车、友友租车等创业公司外,传统汽车租赁公司神州租车与一嗨租车也纷纷看好此项业务。[①]

巨头的入局预示着 P2P 租车或将迎来一个爆发点。尽管看起来很美好,但 P2P 租车还处于发展的早期阶段。P2P 租车在国内仅仅经历了一年多的发展时间,消费习惯、使用习惯都还需要培养。此外,长期以来困扰P2P 租车的信任问题表明这种新兴模式的认可度还亟待提高。但对于创业公司来说,以神州租车和一嗨租车为代表的传统汽车租赁公司的强势入局无疑会带来不小的挑战。随着神州租车、一嗨租车的强势加入,P2P 租车市场将迎来激烈竞争。不过相对于创业公司来说,巨头们只把 P2P 租车作为业务的一个补充。为了保证服务的质量,重资产形式的租车模式必须继续存在,神州和一嗨等将在原有模式的基础上尝试把两种模式结合,目前中国的诚信体系尚未建立,P2P 模式是一种补充,但可能不会成为主流。目前,一嗨尝试 P2P 模式的主要目的在于,上海、北京、广州、深圳、杭州等大城市的限牌政策,给一嗨租车、神州租车继续扩大车队规模带来了桎梏,而接入 P2P 模式可以提供一个解决方案,私家车主可以将自己的车和牌照交给一嗨来管理运营,也有利于平台扩大规模。相对于纯做 P2P 租车的公司不同,租车公司拥有传统线下服务网点,能够通过实体的门店提供更优质的服务,而这是前者并不具备的优势。

传统租车公司的进入势必会让这个市场扩大化,竞争一方面带来了市场的扩大,但由于传统租车公司并非投入全部的资金和人力在 P2P 租车的业务运营上,也就给了创业公司一些机会。尽管存在竞争,但最终对消费者来讲是一件好事,可以看到哪家的服务更好、更安全,谁的产品更加高效。另一方面又促使提供 P2P 租车服务的公司不断提高,不断地、快速地

---

① 巨头入局,共享经济 P2P 租车将迎下个爆发点,http://www.iyiou.com/p/16132.

迭代产品,确保给用户最好的体验。相比较于传统汽车租赁公司的重资产运营模式,P2P 租车公司的轻资产路线让他们的车辆规模能够在短时间内得以积累,尽管基于共享经济,P2P 租车能够有效地把闲置私家车的使用率调动起来,让闲置车辆得以充分利用并方便用户的出行,但由于这种模式刚刚起步,处于发展初期阶段,用户的接受度还有待提高。

此外,很多用户对于租车的风险问题还有很多顾虑,这是导致 P2P 租车发展受限的原因之一。为了提高用户的信任,各家 P2P 租车公司也在风险防控方面做足了努力。以宝驾租车为例,宝驾租车在安全性上采取了两项策略,一是投保,二是建立完善的风控体系和征信体系。车辆一旦出现问题,可通过保险服务给予车主及用户保障,也可以通过宝驾租车线下合作的 4S 店对车辆进行鉴定和保修。还有像 PP 租车,从一开始就会给平台上的私家车安装智能盒子,用于 GPS 定位导航和智能钥匙开锁,用户只需一个 APP 就可以完成无钥匙取车。从一开始的用户不理解为什么要安装,到现在是很多车主主动要求提前装上,不得不说这是 PP 租车的一大促进举措。安全方面,PP 租车还有"百万保险"和"折旧补偿保障"等服务,如果出现重大事故,则有专门的换新车保险服务,以此解决车主的顾虑。

除了征信问题,配套的服务没有充分发展也是阻碍 P2P 租车发展的原因之一。像在二三线城市信用卡普及度不高,但宝驾租车的流程是必须要用信用卡预售权支付,所以没有信用卡是没法预订和交易的。但目前已有 P2P 租车公司在研究用支付宝担保交易,或者是其他的支付产品来解决这个问题,相信很快这个问题就不再是一个阻碍了。

此外,政策上关于 P2P 租车是否合法似乎还存在争议。比如北京市交管局新规明确"严禁私家车用于租赁经营",上海市交通委运管处也提出"私家车禁止进入租车平台营运"。对此,P2P 租车公司也在法律法规范畴上有应对政策,政策上目前的限制是规定私家车不能从事运营,而出租只是车主把自己的汽车租赁给他人使用,并且没有提供配驾服务,这似乎又与法律法规是不矛盾的。

五、P2P 监管趋势分析

（一）涉嫌非法吸收公众存款——悬在自融平台老板头顶的达摩克利斯之剑

1. 非法吸收公众存款及民间借贷的法律界定

对于民间借贷，要一分为二地看待。一方面，合法的民间借贷有助于更好地满足民营中小企业、个体工商户及"三农"经济等短期、小额金融需求，对短期资金的周转起到了帮助的作用，有利于活跃金融市场，对现行金融系统起到补充作用，因而受到法律的保护。另一方面，公民、法人和其他组织非法吸收资金从事金融业务，扰乱金融秩序的行为，又是被我国法律所禁止的。但是实践中，出于监管效率和实际市场稳定等考虑，对于为了资金周转而向公众借款的行为，事后能及时归还的一般不会追究刑事责任，但在无法归还借款而受害人较多的情况下，为了保护受害人则往往以非法吸收公众存款罪追究其刑事责任。因此，仅从能否最终还款来判定，非法吸收公众存款罪与民间借贷的界限却很容易混淆。

我国刑法中规定的非法吸收公众存款罪，是指违反国家金融管理法规，非法吸收公众存款或变相吸收公众存款，扰乱金融秩序的行为。这一概念首次出现在 1995 年颁布的《商业银行法》中，并于 1997 年经过全国人大的修订正式纳入了《刑法》的范围，1997 年刑法在修订时，清晰提出了一个"破坏金融管理秩序罪"框架概念，在这个框架之下，还有集资诈骗罪、擅自发行股票、公司、企业债券罪等。然而当时的《刑法》中，由于市场活跃度还未引起监管层的高度注意，因而虽然提出了非法吸收公众存款的行为扰乱了国家的正常金融秩序，却并未明确指出"非法吸收公众存款"

的具体含义,这使实际操作中很多界定和定义都引发了不小的异议和舆论探讨。

关于这一点,1998 年国务院颁布的《非法金融机构和非法金融业务取缔办法》对"非法吸收公众存款"和"变相吸收公众存款"做出了解释,指出"非法吸收公众存款,是指未经中国人民银行批准,向社会不特定对象吸收资金,出具凭证,承诺在一定期限内还本付息的活动;变相吸收公众存款,是指未经中国人民银行批准,不以吸收公众存款的名义向社会不特定对象吸收资金,但承诺履行的义务与吸收公众存款性质相同的活动",非法吸收公众存款行为的定义进一步明晰了,但由于国务院角色的原因,对于该行为如何判定的标准仍然不够明确。2010 年最高人民法院颁布了《最高人民法院关于审理非法集资刑事案件具体应用法律若干问题的解释》,其中第一条至第三条明确界定了非法吸收公众存款罪的构成要件——只有"违反国家金融管理法规",具备"未经有关部门依法批准"、"向社会不特定对象吸收资金"、"承诺还本付息"和"公开宣传"这四个条件,达到定罪量刑的标准才能构成犯罪。自此,能在实践中明确判定非法吸收公众存款罪的最主要标准已经尘埃落定,即要满足以下四个必要条件(四要素):

一是非法性,即未经有关部门依法批准或借用合法经营的形式吸收资金;

二是公开性,即通过媒体、推介会、传单、手机短信等途径向社会公开宣传;

三是利益性,即承诺在一定期限内以货币、实物、股权等方式还本付息或给付回报;

四是广泛性,即向社会不特定对象吸收资金。

这为民间借贷、P2P 网贷中潜在的非法吸收公众存款风险判断提供了参考依据。很显然,民间借贷与非法吸收公众存款有着本质区别。第一,行为目的不同。民间借贷行为的指向性比较明确,往往是用于生产经营等特定的急需资金的目的,一般来说具有明确的项目导向性,能够提供明晰的项目计划和资金使用方案。而非法吸收公众存款的资金使用方向并不明确,行为主体通过非法手段吸取公众资金至其"金融机构"后,其目的虽是通过投资和运营获取利润,但很大程度上,风险全部由管理人掌控,投资行为也基本不经过投资人的进一步同意。第二,行为对象不同。民间借贷的对象有特定的范围,如亲戚朋友、同事同学等,一般依托借贷双方一定的人际和社会关系,在出于对于募集资金使用情况良好认知的前提下,形成借贷法律关系;而非法吸收公众存款行为针对的是社会不特定的对象,其往往通过宣传、介绍、许以高额回报等手段诱使社会公众基于增值货币的愿望出让资金,这当中不乏虚假和欺骗投资人的宣传和行为,对于投资人没有给予全面的信息披露和风险意识普及,扰乱了国家金融秩序、违反了金融监管制度。第三,利率合法性不同。民间借贷一旦发生纠纷,按照《民法通则》和相关民事法律关系的司法解释,贷款利率一般在同期银行利率四倍以内的受法律保护;而非法吸收公众存款行为许以的高额回报,因其初始募集就具有非法性,不是受到承认的社会法律关系,不受法律保护。因此,合法开展的民间借贷行为,对比非法吸收公众存款行为界定的四要素均不相符。

而对于判断 P2P 企业的非法吸收公众存款行为风险,公开性和广泛性是企业经营中无法避免且必须具备的要素,甚至可以说是企业立足的根基,因而重点判断在于 P2P 企业是否像理财产品一样承诺利息收益远远超过正常利率水平,及其具体资金运营方式和风控模式是否符合监管的规定等。这样看来,P2P 企业似乎直接陷入了法律的危局之中,而它却没有在摇篮中被扼杀。这是因为市场上被压抑的众多微小金融需求是不可忽略的。"存在即是合理",我国对非法吸收公众存款罪的规定的目的是为了维护国家金融秩序,但同时要满足大型金融机构无法覆盖到的小微金融借贷需求。基于这一矛盾情况,结合我国有关允许民间借贷的事实可知,法律禁止非法吸收公众存款,并非禁止公民、企业和组织吸收资金,而是禁止公民和其他组织未经批准从事金融业务,像金融机构那样用吸收的资金针对放贷、做资本和货币经营,成为存在于监管灰色地带的金融机构。反过来就是说,如果个人或者企业向特定的或不特定的人借款的目的不是为了进行资本或货币业务的,该行为就不会扰乱金融秩序,自然也不会构成非法吸收公众存款罪。故非法吸收公众存款罪的认定应该从非法从事经营的模式和性质角度看。同时,随着社会经济发展和深化改革的进一步扩大,经济结构的调整必然要求中小型企业成长为重要的社会经济一环,因而法律的限定也不是一个僵化的桎梏,是随着社会发展而变化的,企业通过互联网金融渠道融资与非法吸收公众存款罪之间的界限,也会在其不断的相互作用中修正和完善,最终目的都是为了在维护金融行业秩序的前提下,提高最广大人民的利益获得,促进更广泛的经济发展。

于是可以发现,前文提到的《最高人民法院关于审理非法集资刑事案件具体应用法律若干问题的解释》第三条第四款指出:"非法吸收或者变相吸收公众存款,主要用于正常的生产经营活动,能够及时清退所吸收资金,可以免予刑事处罚;情节显著轻微的,不作为犯罪处理。"这就为互联网金融企业通过 P2P 网贷平台进行融资的情形打开了一条绿色通路,可以推论企业要想避免触及法律底线,必须达到三个条件:自融资金用于正常的生产经营活动;能够及时清退所吸收的资金;社会不良影响小,情节显著轻微。这与之前的应避免的非法吸收公众存款罪的四要素的要求又更进了一步,这就给经营 P2P 网贷的企业提出明确的要求和基准,平台募集的资金投入运营时应该紧守住第三方平台特性,同时不因恶意竞争承诺虚高利率,最后风控严格守住清偿底线,就可以保证不会扰乱金融秩序,规避非法吸收公众存款罪的法律风险。

2. 图解 P2P 与民间借贷的关系

一直以来,民间借贷都是我国资本市场中不可忽略的力量,而 P2P 的出现,使得民间借贷无论从契约合同、利率定价还是贷款管理上,都走上了更加规范的道路,有效地避免了高利贷和地下钱庄等违法行为组织的出现。同时,对于长久以来在传统金融机构融资困难的中小企业而言,P2P 的出现可以有效地缓解这个问题,可以使广大民营企业以一个较低的利率成本满足其蓬勃的融资需求。

在前面的章节中我们阐述了 P2P 网络借贷与民间借贷有着深厚的联系和本质的区别,为了更加清晰地展示 P2P 模式的创新性和不同点,以下整理出图表对比两种模式,进行进一步直观的说明。

民间借贷　　交易风险　　P2P网络借贷

图 5－1　民间借贷和 P2P 网络借贷模式的对比

从上图中两种模式的比较,可以看出来资金供求双方之间有了 P2P 网贷平台的介入之后,首先资金匹配的范围变大了,不仅仅限于熟人圈子,而是各种符合条件的个人和企业用户。从而,资产利率的定价也变得更加市场化,公开透明。第二,在合同契约的制定方面,由定制合同变为了规范电子合同,不仅仅弥补了之前民间借贷往往由于合同内容不规范而丧失合法权益的漏洞,确保双方合法公平交易,还大大提高了签约的效率。第三,从资金风险来看,相比于民间借贷的不作为,P2P 网贷平台的加入还带来了专业的信用审核,具有公信力的资金托管、先行赔付的创新和负责坏账催收的专门机构来追偿合法权益。总之,P2P 网贷平台使得借贷交易变得简便快捷,合理合法,并且提供更加多样化的选择。

然而,必须值得重视的是 P2P 网贷平台带来的风险也是同样增加的,由于交易范围的扩大、交易次数的显著增加,交易对象和资金去向对投资人来说往往是信息不对称的。特别是,拆标、期限错配、贷款端理财化的转变使得一旦平台出现危机,受损失将不仅是个人,还可能是广大投资用户群体,甚至可能造成社会严重不良影响和金融秩序紊乱,这也正是法律监管部门对 P2P 网贷平台是否涉嫌非法集资特别关注的社会原因所在。

（二）中国首例 P2P 自融平台被判非法集资意味着什么？

2013 年 6 月 19 日，深圳市誉东方投资管理有限公司创建"东方创投"网络投资平台，向社会公众推广其 P2P 信贷投资模式。一开始，公司负责人确实有意向将客户的投资款出借给实际有资金需求的企业，但实际操作后发现坏账率过高，资金不能按时收回。为了做到能及时返还投资人的本息，公司负责人就决定通过其名下的企业以及其私人物业来实现增值利润反馈投资人。随后，公司负责人挪用投资人的投资款设立公司、购置商铺、办公楼并以物业进行抵押贷款，将利息偿还投资人。

由于 2013 年秋季开始爆发 P2P 网贷平台公司倒闭潮，社会恐慌造成投资人出现挤兑，导致"东方创投"出现流动性危机、资金链断裂，资金缺口超过人民币 5 000 万元。2013 年 11 月公司负责人前往公安机关投案自首，在历时九个月的调查取证后，法院依法对"东方创投"网络投资平台的公司负责人作出非法吸收公众存款罪的判决，判处有期徒刑三年并处罚金，轰动一时、涉案金额巨大的"东方创投案"成为国内 P2P 自融平台被判非法吸收公众存款罪第一案。

非法吸收公众存款罪的认定，应同时具备非法性、公开性、利益性、广泛性四个条件。"东方创投"网络投资平台向社会非特定的人群进行宣传，以提供资金中介服务为名承诺高额回报，通过网上平台虚构、伪造借款人吸收 1 325 名投资人共计 1.2 亿元资金，并挪用贷款进行个人的投资、购置物业，完全符合上述定罪条件，因此被法院认定有罪。合法的民间借贷和网络借贷受到法律保护，同样，违规操作也会受到法律的禁止和制裁。"东方创投"被判非法集资这一事件，表明了法律对相关人士合法权益的保护，有利于规范行业的健康发展。同时，这一事件也向社会暴露了巨大的 P2P 行业风险，给投资人敲响了警钟。

自"东方创投"平台爆发流动性危机之后，众多 P2P 网贷问题平台也频频出现倒闭甚至"跑路"的现象，严重打乱了网贷市场秩序。分析问题平台的共同点，可以发现有以下特征的 P2P 网贷平台风险较大：（1）自融和自担保是导致平台出问题的最突出问题,尤其是那些自融占比较高的平台,不管平台说得多么光鲜亮丽,未来的风险都是非常大的,一旦出现危机在短时间内就可能发展到无法收拾的地步。(2)大标的和高收益联系在一起,风险就更增一层。大标的会使风险高度集中,一旦大标的出现问题,整个平台都会受到影响。如果逾期项目超过平台兜底能力,后果是非常严重的。轻则短期内提现困难,重则拖垮整个平台。很多平台以高收益博眼球,但从不提及风险。这对投资人来说是非常不负责任的表现。(3)引入超额担保或虚假担保。很多平台为了赢得投资人信任,都引入了担保公司为投资人的本金进行担保。但是当前 P2P 市场超额担保问题严重,一旦出现问题,担保公司也根本无力清偿,屡屡出现"跑路"。同时,详细研读担保合同条款知悉担保公司的除外责任,等等,对于投资人而言是十分必要的。(4)信息不透明是自融、自担保、资金池等问题产生的必要条件,尽管监管层一再强调信息透明的重要性和必要性,但仍然有很多 P2P 网贷平台信息极不透明,这就给投资人甄选优秀平台造成了巨大障碍。未来,信息是否透明将成为衡量一家 P2P 网贷平台是否健康、合规的重要参考指标之一。(5)假标、拆标的现象值得警惕。缺少优秀债权是当前所有 P2P 网贷平台都面临的问题,在这种情况下,部分平台为了吸引投资人投入就会投放假标或者拆标,因为这可以在短期内缓解平台运营压力,但这种虚构的成交非常容易引发流动性风险,也是一种违规操作的行为。

随着市场情势的变化发展,针对防范平台危机和打击非法集资现象,监管的思路方法也正在逐步完善。例如,2013 年 11 月央行召开防范打击非法集资法律政策宣传座谈会,央行条法司对"以开展 P2P 网络借贷业务为名实施非法集资行为"作出清晰界定,认为"理财-资金池"模式涉嫌非法吸收公众存款,不合格借款人将导致非法集资风险,而庞氏骗局则涉嫌非法吸收公众存款和集资诈骗。可以期待的是,随着法律条文的完善和监管原则的明晰,P2P 行业发展的原则和规范将逐渐清晰,混乱局面即将落幕,随着行业竞争和洗牌过后,不久将迎来的是有实力的 P2P 网贷平台在有法可依的监管指导下的有序健康发展。

（三）百度对 P2P 网贷平台的整改

1. 百度对 P2P 进行利率管制

2014 年 P2P 网贷平台"跑路"新闻频现报端，P2P 网贷平台倒闭或退出风潮比以往来得更猛烈，整个行业面临洗牌。在线金融搜索平台"融360"发布了针对 P2P 网贷行业的半年度报告显示，截至 2014 年 7 月，累计有 136 家 P2P 网贷平台出现提现困难、倒闭或者"跑路"的现象，约占整个市场的 11.3%。其中 2014 年倒闭和"跑路"的共有 61 家，绝大部分涉嫌诈骗，仅七家是运营不善倒闭。这些被淘汰的 P2P 网贷平台往往推出一些高收益、超短期限的产品由投资者竞标并打款，由于产品期限很短，网站在满标后很快就连本带息还款，利用异常高的年化收益率吸引更多投资者，然后卷款潜逃。

市场对于 P2P 网贷的焦虑正在升级，2014 年 8 月，国务院出台了《关于多措并举着力缓解企业融资成本高问题的指导意见》，要求优化商业银行对小微企业贷款管理，采取续贷提前审批、设立循环贷款等方式，提高贷款批发效率。对小微企业贷款实行差别化监管要求。该文件出台后，降低企业融资成本话题持续升温，引发了极大的社会关注和热点讨论，影响也触及了 P2P 网贷行业，激发了社会对于 P2P 行业定位和安全性的再思考。P2P 网贷一直以来的利率相对较高，与文件的核心指导意见有出入，监管层很有可能出台相关政策刺激 P2P 网贷利率下降，使其达到良性的平衡点，既满足了中小微融资需求，又稳定了既有的金融市场秩序。

值得关注的是，该文件出台后不久，国内最大的搜索引擎公司百度就发布新策略，要求 P2P 网贷平台降息，不得超年化利率 18%，否则将会予以下线处理。百度表示，针对此次整改，考虑到平台的运营成本和利润，综合利率高于 18% 的 P2P 网贷平台有可能涉嫌高利贷行为，这是明确违反金融监管的相关规定。按照《最高人民法院关于人民法院审理借贷案件的若干意见》规定，民间借贷的利率可以适当高于银行的利率，各地人民法院可根据本地区的实际情况具体掌握，但最高不得超过银行同类贷款利率的四倍。百度通过对已上线 P2P 客户的巡查发现,部分平台页面涉及收益宣传高于 18% 的情况,认为潜在风险较高,需要对相关信息发布者进行整改。

　　百度新政出台后在业界引发不小反响,支持和反对的声音在网络上展开了激烈讨论。支持者认为,百度此举表达了对用户负责的态度,利率过高的平台潜在风险巨大,也具有一定的法律风险。反对者则认为,金融的利率本身就是一种风险定价的行为,单方面的利率限制其实否认了风险定价的科学性。央行只是规定贷款利率不能高于银行利率的四倍,百度单方面划定利率标准有扰乱利率市场化之嫌,互联网公司跨界监管金融领域是一种不负责任的越俎代庖行为。持反对意见的业内专家认为,大众对 P2P 信贷的高利率存在误解。

　　利率高不等同于融资成本高。在小额信贷领域,单笔借款金额越小,用户负债率越低,理论上利息率就可以越高。举个极端的例子来说,某白领上班没带钱包,下班跟同事借 10 块钱回家,明天还对方 20 块钱,这样一次借贷的年利率却达到了 36 000%,光看利率是非常严重的高利贷,但是利息的金额其实只是 10 块钱。但是同样的年利率,如果另一位白领借 10 万元隔一天要还 20 万元,那就肯定是高利贷了。但是换成一个亿万富豪借 10 万元第二天还 20 万元,那可能又不算高利贷了。这就是所谓的高利息不能单看利率,还应该看金额的绝对数和利息的绝对数,要根据借款人具体的资产和负债情况来判定,并不能只看利率就一概而论。许多 P2P 的客户是小微企业,他们的盈利情况折算到年,可能也就 10%～20%,但是他们的淡旺季差异可能非常明显,一些企业主如果没能及时获得融资,没赶上销售旺季,那么一年的盈利能力就会大打折扣,这时他对利率敏感度其实是比较弱的。换句话说,很大一部分小微企业的实际情况是,一年内做 1～2 笔融资,成本虽然不低,但是在旺季的销售盈利可以使得全年盈利,再以全年的盈利按照按揭的方式来还款。但是在这过程中,小微企业完成了经营周转的融资,至少生存得到了保障。同时,对于 P2P 网贷平台而言,一个借款人需要融资 50 万元,可接受的成本最高是 5 万元,忽略年化利率的影响的利率是 10%。那么风控人员根据借款人的资产、负债情况判断出,如果 5 万元的利息是他的极限的话,若再高,该笔借款的风险就会被放大。那么风控人员的对策就是以降低额度的方式来控制,例如借款人的实际额度是 20 万元,他需要承担的利息是 3 万元,那利率就是 15％,表面上看利率上升了,但是借款人的现金流可以保证他完成该批贷款,借款人成本并没有上升,风险也没有因此扩大。这也说明了当信贷业务达到微额的时候,借款人对利率的敏感性是非常低的。事实上根据银行的风险定价标准,一些小微企业的可覆盖风险的利率甚至可以达到 200％,这个利率看似很夸张但却是符合银行业的科学定价模型的。当然,P2P 本身也应该为客户提供"短、快、急"的融资服务,小额信贷的利率可以高于同期银行的利率,原因就在于是短期融资,客户实际承担的成本并不高,可是一旦变成长期融资,客户承担的成本过高,会有高利贷的嫌疑。

传统银行融资成本并非都很低。虽然国内金融机构数量不少,但是因为地区发展性差异导致分布并不均衡,很多三四线城市引进金融机构支持当地经济并不是容易的事。这使为数不多的金融机构就拥有了很大的议价权,借款人除了要承担担保费、保证金以外,一部分额度还会被金融机构扣留。对这部分借款人来说,P2P 公司的出现可能提供了更低的融资方式。例如,许多信用卡的年化利率在 18％以上,如果算上手续费、账户管理费等,一些信用卡综合借款成本年化利率甚至超过 25％,这种现象在一些小银行的信用卡产品中尤为明显。人们可以接受信用卡利率的原因在于有免息期,然而更重要的是银行的利率并不透明,所以许多客户在信息不对称的情况下,忽略了他们实际承担的利率。

因此,P2P 网贷平台利率不能简单粗暴地做限制,风险定价是根据合理的金融方式和借款人的实际情况做判断,百度此举是否恰当以及利率上限如何确定仍然值得商榷。

2. 设 18％上限,P2P 合理收益如何定?

虽然百度的标准并不是行业标准,也没有法律效力,但百度此举仍引发了 P2P 网贷平台的降息风潮。随着 P2P 网贷市场的快速发展与成熟,网贷市场的竞争不断加剧,小米、联想、运营商、互联网公司,以及国资背景企业的不断涌入,市场饱和度逐渐增加,监管层监管力度持续增大,自身条件和外部监管均要求 P2P 网贷平台的利率回归理性。数据显示,全国 P2P

网贷平台的平均利率连续数个月持续下跌。虽然近来下降趋势有所减慢，但仍有继续下降空间，未来 P2P 网贷平台利率的完全理性应该可能会在12％以下，此后利率开始平稳发展。

P2P 利率的下调，主要是受三个方面的影响，一是政策因素，根据银监会召开的闭门会议，初步认定的监管原则是从平台运营安全方面来考虑，要求 P2P 网贷平台稳健运营，其意是在暗示 P2P 网贷平台不得踩着钢丝走路。二是因为 2014 年年底 P2P 网贷平台"跑路"风波，使得多数的 P2P 网贷平台认识到风险控制的重要性，而控制风险最直接的手段，便是控制利率，通过下调年化利率，从而减少平台在运营过程中的风险。三是投资者逐渐放弃高收益平台，也正是因为 2014 年年底的 P2P 网贷平台"跑路"风波，让多次"踩雷"的投资人更加注重投资安全，他们更加青睐于收益中等偏小的 P2P 网贷平台。不管是从平台经营角度来看，还是政策导向角度来看，P2P 网贷平台利率下降都是大势所趋。同时市场是有自主性的，利率也是动态的。

据"融 360"金融搜索平台发布的《2014 年互联网理财分析报告》统计数据，该平台重点监测的 25 家 P2P 网贷平台收益率均未超过 24％，收益率在 14％～16％和 18％～20％占比最大。可以看出，保险系 P2P 网贷平台平均收益率为 8.61％，低于行业整体平均收益率；国资系 P2P 网贷平台平均收益率为 9％，低于行业整体平均收益率；民营系 P2P 网贷平台平均收益率为 15.57％，略高于行业整体平均收益率。民营系 P2P 网贷平台年化收益率整体高于其他系列平台。

P2P 网贷平台的利率要降到多少才算理性，不是任何企业或者机构单方面决定的，还是要由市场手段最终盖棺定论。P2P 网贷平台天然需要高利率来吸引投资人，而较高的利率伴随的必然是更高的信用风险和流动性风险，尤其是在互联网行业，交易的频率次数都急剧增加的情况下，风险状况更是瞬息万变。P2P 网贷平台实力不过硬的话无法抵御，造成的社会不良影响也是十分广泛的。监管层出于种种考虑，必然会限制 P2P 宣传高利率，但是这个求生的夹层到底有多大，P2P 网贷平台的合理区间，随着中国市场的持续成熟，竞争将更加充分，预计 P2P 网贷平台利率的最终合理水平可能略高于银行三个百分点左右。当然这只是基于目前政策和法律法规下的一种事实性猜测,网贷利率定在多少合适这个问题本身无解,而我们在其中能够给予期望的是投资人群体能够尽快成熟起来,从追求高利转而追求稳定,实体经济领域中的小微群体们能够享受到更低的融资成本,希望在未来很快到来的大浪淘沙中真正有质地的平台能够存活下来。国外同业领先者如 Lending Club 等企业也是在经过证券、金融等相关监管机构的重重要求下,才得以实现上市发展。对于我国目前 P2P 的发展情况,单从利率这个基本环节来说,还存在各方博弈的前景,政府和市场力量也在不停地角逐,最终的理性必定是一种妥协的理性,是一种各方均能和谐长久发展的理性。

3. 线上推广成本过高,P2P 的十字路口

互联网金融低成本、提升流动性和资源分配效率三大优势是有别于传统金融业机构最本质的差异。长期来看,P2P 最大的潜在客户可能是那些觉得到银行借钱时间太长、手续比较麻烦的个人借款者以及传统机构拒绝放款的小额贷款者。如果成本可以控制在 15%～20%,这类个人用户的市场更大,而且这个市场的风险更低。以成熟的美国市场为例,个人从传统金融业机构融资的成本约为 4%～5%,但通过互联网渠道获得融资的成本仅 2%左右。此外,通过互联网金融获取客户的成本约为 2‰～4‰,市场潜力巨大。

成本优势一直被视为互联网金融用来挑战传统金融行业的利器和优势,也是互联网金融近些年来吸引社会眼球的信心来源。但是事实上,目前处于草创阶段的 P2P 行业,能把成本、资产比控制在 5%～6%的 P2P 网贷平台恐怕没有几家,还处于跑马圈地、拼抢客户阶段的 P2P 网贷平台们,对于前期投入都是下了大手笔,广告营销方面的资金规划都颇为慷慨,占据了一大部分运营的资金。一些名气不大的平台为了以小博大,从众多同业竞争者中脱颖而出,高昂的推广费用直接使得获客成本和运营成本居高不下。

以那些获得融资的 P2P 网贷平台为例,不少平台计划把所融资金的六成,甚至更多都用在平台推广上。以百度推广为例,一般 P2P 企业选择有关键字展现和品牌专区两项,关键字展现采取竞价的方式,但费用除了竞价费之外,还会按搜索和点击的次数收费,每天的费用从几千元到几万元都有可能,一些非常活跃的 P2P 网贷平台,仅这一项支出每年可达数千万元。除了百度、大 V、网盟、平面广告等基本手段外,越来越多的自媒体、视频广告、论坛赞助、奖项评选等也少不了 P2P 网贷平台大出血。此外,在一些 P2P 投资人聚集的网贷社区,例如网贷之家、第一网贷、网贷天眼等,各家 P2P 也不会漏掉做广告的机会。据了解,这类网站置顶的广告价位至少都要每月十几万元,有的要上排行榜也会收费。除了这些常规的营销费用,现在还比较流行通过微信公众号等自媒体发软文、赞助论坛活动等方式做品牌营销。其中前者的收费在每篇两千元至八千元不等,而后者各种冠名费、赞助费少则十几万元,多则上百万元。如果上述几项营销手段都用上,一家 P2P 网贷平台每年的广告营销费基本就要过千万元了。事实上一些业务增长较快、发展处于上升期的 P2P 网贷平台在推广方面的费用远高于这个数字。

当然,由于现在 P2P 行业还处于跑马圈地的阶段,为了抢占市场"烧"些钱在所难免,这是互联网企业开创新业务模式、培养用户习惯的必然要求。不过,仅仅依靠一轮又一轮的融资并不能从根源上解决问题,长远来看如此高昂的获客和运营成本恐怕难以持续。如何保持住旧用户的黏性,提高新用户的信心,才是持续推广的思考方向。

面对着贷款利率下降,运营成本却居高不下的情况,可以预见的是 P2P 网贷平台将迎来巨大挑战和压力,以往高利率吸引投资、高投入获得客户的粗放式模式已经不再行得通,网贷平台需要做好转型准备,回归理性利率区间,做好风控,提高安全性,科学运营培养用户习惯,提升产品体验和迭代速度,提高用户黏性,才是其持续发展的新动力。

(四) 国务院互联网金融闭门会议的召集

近年来,P2P 网贷平台在中国犹如雨后春笋般不断涌现,使得整个行业更加备受关注。P2P 网贷行业对监管政策最终落地的期盼由来已久,绝大多数 P2P 网贷平台一致认为监管政策的出台,将有力促进 P2P 网贷平台的规范化和良性发展,帮助各平台自身进行自我完善,让资金流转更安全。虽然当前 P2P 网贷平台公司的设立和管理还缺乏规章制度,但目前央行与其他部门密切制定相关法律,已经到了最后阶段。在监管政策营造日臻趋于良性的 P2P 网贷平台发展环境下,中小微企业的融资成本才会大大降低,安全便利的融资渠道也会刺激更多的人去进行创业,这也符合国家宏观经济发展的主旨。

2014 年 8 月 4 日,国务院办公厅下发《关于多措并举着力缓解企业融资成本高问题的指导意见》,强调解决好企业特别是小微企业融资成本高的问题。而互联网金融定位为"普惠金融",与小微企业息息相关。此后 9 月 12 日,国务院举行了互联网金融闭门会议,参会人员包括国务院发展研究中心、银监会创新监管部、财政部科学研究所等政府部门领导,工商银行、中国银行、光大银行等各大银行高管,以及阿里巴巴、银客网、众信金融等互联网金融企业代表。以往 P2P 网贷行业的会议经常由银监会召开,本次国务院召开闭门会议,足见对互联网金融行业的重视,将互联网金融对民生的辅助作用提高到了一个新的高度。

本次会议主要涉及互联网金融与中国经济发展,参会平台方就目前互联网金融创新模式和运营模式进行了汇报,而监管政策也是会议重点。国务院发展研究中心在此次会议上广泛地听取了各方意见,银行方的代表向监管层汇报了银行系的互联网金融产品,监管层点评"银行越来越互联网化"。而 P2P 网贷平台方也汇报了自己的融资模式、小贷模式以及贷款利率等。此次会议还讨论了银行与 P2P 网贷平台的合作问题。P2P 网贷平台方表示自己与银行无论是体量还是模式上都不同,不存在竞争,部分平台在会上跟银行达成合作意向,形成双方互补的效果,未来或将在资金托管和产品架构等方面开展合作,真正实现"普惠"金融的要求。此外,银监会创新监管部的相关人士就监管问题作了汇报。银监会负责人在"中国银行业发展论坛上"曾提及了对 P2P 的监管,并重点关注行业的五个方面,将 P2P 网贷平台定位为信息中介、设立一定的行业门槛、资金托管、收费机制、信息披露。这也说明了 P2P 网贷行业正由"野蛮生长"转变为"规范发展"。在这次互联网金融闭门会议上,有平台方提出近期出现的一些

P2P 事件已经触碰了监管的四条红线,但并未见监管层采取措施。对此,银监会官员回应称,四条红线并不是完整的法规和条例,并且具有一定的模糊性,真正的监管政策还在持续研究讨论中,之后出台的相关监管要求肯定会更加具体。而对于外界所关心的监管何时落地问题,有关部门表示现在央行与其他部门正密切制定相关法律,并已到了最后阶段,P2P 监管细则已经基本成型,只是需要一个合适的出台时机。

2014 年 9 月 15 日,全国政协经济委员会又召开了"规范发展互联网金融"的闭门会议,全国政协副主席王钦敏、政协委员会代表、一行三会代表,业内专家以及多家互联网金融企业参加了此次会议。此次会议的目的更多的是属于调研性质的搜集情况,该会议中,多位人士对互联网金融发展过程中的司法判例做了讨论,有部分人士建议,加快互联网金融相关法律法规体系建设,简化互联网金融案件审判流程,探索互联网金融治理新模式等。虽然 P2P 网贷行业监管制度和具体实施细则的最终落地日期尚未敲定,但是从各个方面都可以肯定地感受到监管的日益临近,在行业内部都在不断完善自身机制的同时,希望通过相应的监管细则,把 P2P 网贷行业整体发展环境规范起来,淘汰掉不合格、不正规的 P2P 网贷平台,让合法合规运营的 P2P 网贷平台逐渐成熟起来。网贷监管政策一旦正式落地,P2P 网贷平台便可在此基础上充分发挥潜力,促进自身和行业的良性共同发展,不仅能有益补充传统金融行业触不到的地方,更能成为今后现代化金融活动中的一个大的发展趋势。

(五)十部委联合发布《关于促进互联网金融健康发展的指导意见》

2015 年 7 月 18 日,央行等十部委联合发布《关于促进互联网金融健康发展的指导意见》(以下简称《指导意见》),这是互联网金融行业第一个顶层设计监管方案。

《指导意见》按照"鼓励创新、防范风险、趋利避害、健康发展"的总体要求,提出了一系列鼓励创新、支持互联网金融稳步发展的政策措施,积极鼓励互联网金融平台、产品和服务创新,鼓励从业机构相互合作,拓宽从业机构融资渠道,坚持简政放权和落实、完善财税政策,推动信用基础设施建设和配套服务体系建设。《指导意见》按照"依法监管、适度监管、分类监管、协同监管、创新监管"的原则,确立了互联网支付、网络借贷、股权众筹融资、互联网基金销售、互联网保险、互联网信托和互联网消费金融等互联网金融主要业态的监管职责分工,落实了监管责任,明确了业务边界。《指导意见》首次明确了 P2P 网络借贷归属银监会监管,并明确个体网络借贷(即 P2P 网络借贷)是指个体和个体之间通过互联网平台实现的直接借贷。在个体网络借贷平台上发生的直接借贷行为属于民间借贷范畴,受合同法、民法通则等法律法规以及最高人民法院相关司法解释规范。个体网络借贷要坚持平台功能,为投资方和融资方提供信息交互、撮合、资信评估等中介服务。个体网络借贷机构要明确信息中介性质,主要为借贷双方的直接借贷提供信息服务,不得提供增信服务,不得非法集资。同时,《指导意见》要求,下一步,各相关部门将按照《指导意见》的职责分工,认真贯彻落实《指导意见》的各项要求;互联网金融行业从业机构应按照《指导意见》的相关规定,依法合规开展各项经营活动。至此,可以想象,或许 P2P 网贷的监管细则将在不久的将来由银监会推出。

(六) 国内的 P2P 行业监管

由于各国国情各不相同,P2P 行业的发展也遇到了各自不同的问题,因而导致各国监管呈现出不同的模式和特点。在我国,由于信用环境和法律环境的不完善,P2P 企业经营出现了许多灰色地带,给监管带来了更大的难度。在合规的 P2P 商业模式中,平台公司应仅充当"居间人"或"中介"角色,提供中介服务,平台公司不对贷款的收益作出任何承诺或保证,也不会将吸收的贷款进行自用,通常也不对贷款本金进行担保。在我国,一部分 P2P 网贷平台为吸引投资者会对本金的安全作出担保,这可以认为是一种内部增信措施,但是这样一来对于"平台化"的角色定位又变得模糊了。对于那些未向社会公开宣传,在亲友或者单位内部针对特定对象吸收资金的,不属于非法吸收或者变相吸收公众存款。由于 P2P 网贷平台属于新型金融业务,央行和银监会尚未出台法律法规对其指导,也未设置入行门槛,导致 P2P 行业乱象丛生:(1)空白合同,P2P 公司很多给投资人的合同都没有具体的借款人和借款用途,而是一份空白合同,要求投资人先签署后,然后由平台随意确定借款方向,这种情况下,往往平台是通过搭建一个资金池,将多方资金投入其中再自行运营使用,投资者无法接触到实际资金投入方的具体信息情况。(2)债权转让,即很多 P2P 网贷平台公司以平台的股东作为对外高额放贷的第一手债权人,然后再向投资人转让债权,赚取利差。而我国法律对于债权转让的通知义务作出了明确规定,在平台化的债权转让过程中,很多必要、必需的债权债务人信息交换和披露都难以实现,从而增加了潜在的风险。(3)债权拆分,一些 P2P 网贷平台还将一个金额较大的债权拆分为多个债权,向不特定的多个投资人转让。(4)挪用贷款,平台公司对于贷款可以随意使用,有的用于自身投资、融资,即 P2P 自融模式,而不法分子则直接携款潜逃。(5)设立资金池,平台公司在没有明确借款人的情况下吸引贷款,囤积大量存款,在出现合适的借款人时进行借贷,而贷款人对于贷款的去向不知晓。这些现象扰乱了行业市场秩序,监管的出台更加备受瞩目,然而监管过于僵化和严苛的话,又不符合互联网金融的特点,反而会阻碍行业的发展。因而,监管力度的把握值得有关部门进行详细调研考察之后审慎制定。

2014 年 3 月 3 日,全国政协委员、招商银行前行长马蔚华在"两会"提案建议,加快落实 P2P 行业监管,要明确准入和退出规则。梳理 2014 年至今 P2P 行业监管政策发现,在国家层面就出现了三项监管意见:2014 年 4 月提出 P2P 网贷平台经营的四条红线、2014 年 9 月提出网贷行业监管的十大原则和 2015 年 1 月提出互联网金融监管八大建议。

1. P2P 监管四条红线

国务院已经明确由银监会牵头来承担对 P2P 监管的研究,银监会已多次召开多家国内知名的 P2P 网贷平台负责人座谈会,就 P2P 行业准入、制度选择、资金托管方式等内容征求意见。国内对 P2P 网贷平台的监管思路逐渐清晰,设定了 P2P 业务边界的四条红线。

第一,明确 P2P 网贷平台的中介性。

第二,明确 P2P 网贷平台本身不得提供担保。

第三,P2P 网贷平台不得建立资金池。

第四,P2P 网贷平台不得非法吸收公众存款。

明确定位 P2P 网贷平台是为借贷双方提供信息服务的机构,只能是资金中介而不能搞自行融资或资金运营。这是 P2P 的本质属性,也是监管的核心和原则。P2P 网贷平台运营的每一笔资金都应该有明确、真实的借款人和用途,定向使用资金。监管方有意引导 P2P 网贷平台与银行或第三方支付机构或将开展资金托管业务,P2P 网贷平台不能随意接触资金。如果平台方以资金池的方式运营,过于自由随意必然导致虚构交易、挪用资金、风险无法隔离,脱离了 P2P 中介资金的实质,走向了非法吸收公众资金的违规方向。同时,P2P 既然是资金中介的属性,就应该合理提示风险,不能通过平台不当的担保或承诺来误导投资人,冲击金融秩序。这四条红线的设定对于目前我国 P2P 网贷平台将起到很强的监管和约束作用,不仅会使 P2P 网贷平台得以在今后健康地运转,还会给我国对新兴金融业态监管方面的工作设立一个标杆。下一步,监管部门还可能设置行业准入门槛等规定来完善对 P2P 行业的全方位监管。

银监会创新监管部主任王岩岫在出席"中国银行业发展论坛"时指出,对于 P2P 的监管,既适用于互联网金融监管的总体原则,也要有一定的针对性。P2P 的监管有几个重点关注方面:第一,对 P2P 机构,应当明确定位其为民间借贷的信息中介而不是信用中介。P2P 机构是为借贷双方的小额交易提供信息服务的中介机构,不应是资金的中介机构、受托理财机构,也不是担保机构,应清晰界定其业务边界,自身不承担信用转换、期限转换、流动性转换的职能,同时严厉打击冒用 P2P 名义进行的非法集资行为。第二,P2P 应有一定的行业门槛。就是"有多少钱做多少事儿",要有资本金的约束,具备一定的风控能力,资金要进行托管,不能汇集资金。第三,P2P 不应该汇集资金,平台应与客户资金严格隔离,在途资金和投资者的资金都要由银行或第三方支付机构进行托管,切实保护金融消费者的安全,同时 P2P 本身也不得进行担保,不得承诺贷款本金的收益,不承担信用风险和流动性风险等。第四,应该有明确的收费机制,这样才能做到可持续发展,但不追求高利率、高回报的项目。鼓励行业自律规定,及时推广行业最佳实践。第五,要对投资者进行保护,进行充分的信息披露,提高透明度。不仅要向市场披露自身的管理和运营信息,也要向投资者做好风险揭示和融资信息的提供,开展必要的外部审计。

2. P2P 监管十大原则

伴随着监管规则制定工作的进一步细化,2014 年 9 月 27 日,中国银监会创新监管部主任王岩岫首次明确了 P2P 十大监管原则,具体内容如下:

第一,P2P 网贷平台不得建立资金池。P2P 监管要遵循 P2P 业务本质,所谓业务的本质就是项目要一一对应,P2P 机构不能持有投资者的资金,不能建立资金池,P2P 不是经营资金的金融机构。

第二,P2P 要落实实名制原则,投资人与融资人都要实名登记,资金流向要清楚。各国都对开户有非常高的原则要求,避免违反反洗钱法规。

第三,明确 P2P 机构不是信用中介,也不是交易平台,而是信息中介。信用中介要承担信用风险,P2P 是为双方的小额借贷提供信息服务的机构,应当清晰其业务边界,应与其他法定特许金融服务进行区别。

第四,P2P 还应该有一定的行业门槛,P2P 信息平台作为分析、遴选新闻信息、提供参考性的信用分析有很强的专业性,应有一定的门槛,对从业机构应该有一定的注册资本,高管人员的专业背景和从业年限、组织架构也应该有一定的要求,同时对平台的风险控制、IT 设备、资金托管等方面也应该有一定的资质要求。

第五,P2P 投资人资金应该进行第三方托管,不能以存款代替托管,托管是独立的监管行为。同时尽可能引进正规的审计机制,P2P 机构自己不能碰钱,这也是为了避免非法集资的行为。

第六,P2P 机构不得为投资人提供担保,不得自身为投资人提供担保,不得为借款本金或者收益作出承诺,不承担系统风险和流动性风险,只是信息的提供者,不得从事贷款和受托投资业务、不得自保自融,这也是为了避免非法集资、诈骗等行为。

第七,P2P 行业不要盲目追求高利率融资项目,要走可持续发展道路。

规范 P2P 机构融资的利率,使其逐步下降接近合理水平。

第八,P2P 行业应该充分信息披露、充分地提高信息披露的程度、揭示风险,既要向市场披露自身的管理和运营信息,也要向投资者做好风险提示,开展必要的外部审计。

第九,要加强行业自律组织的建设、推动行业标准化和信息共享,打击伪 P2P。

第十,必须坚持小额化原则,支持个人和小微企业的发展。

3. P2P 监管八大建议

2015 年年初,银监会创新监管部主任王岩岫,首次提出了 P2P 行业发展的"1 号精神",表示将继续鼓励 P2P 行业的创新活动,支持走可持续、健康发展之路。具体表现在对 P2P 行业的监管提出了八大建议:

第一,创新监管。针对 P2P 行业的特点,监管体系也要发展创新。要加强"互联网化"、"信息化"监管手段的探索和建设。注重信息的监测分析,打造各类"线上"监管工具和专业化系统;明确统一的监管标准。按照业务实质,强化功能监管和行为监管,同质同类业务应遵从同样的监管规范;培育多层次的监管体系。做好跨部委的横向监管协调,强化全国与区域的纵向监管联动,引入审计、评估、法律、新闻媒体等市场化专业机构的评价、监督功能,发挥行业自律组织的作用。同时加强知识宣传普及和投资者教育。

第二,适度监管。P2P 行业的监管将坚持从风险防控的目的出发、从公众合法利益的保障出发,明确"红线"、坚守"底线"、筑好"高压线"。P2P 从业机构应当珍惜发展环境,做到守法合规,立足长远,夯实基础,以负责任的态度经营发展,防控风险,稳健扎实地服务金融薄弱领域的真实需求。

第三,分类监管。对于不同类型的 P2P 业态,依据其金融类别属性、业务复杂性、涉众性、金融关联性等方面实施差别化的监管方式。例如,对于提供微小金额、特定群体和人数有限群体的 P2P 服务,应注意发挥自律规则和市场竞争的作用,避免赋予过高的监管成本。

第四,协同监管。由于互联网跨地域、跨行业、跨时空的无边界特点,P2P 业务增加了交易的瞬时性、跨界性和关联性。P2P 的监管应关注金融行为的本质属性，存款、贷款、汇款、代理销售等金融业务，不因处于互联网环境而发生质的改变，仍需遵守现有的金融法规，各个环节的经营主体仍然承担风险责任。在此基础上，不同行业的监管部门加强监管协作，按照互联网运行的特点，推进监管的"无缝对接"。

第五，P2P 应当遵守金融法律法规的规则。已有监管法规做出规定的，应遵守现有规定，尚无明确法规规则的，应遵循金融风险管理的一般规律和准则，服从行业操守，等待法律法规的完善和明确。从事金融信息服务的应明确自身的信息中介地位。

第六，P2P 应围绕实体经济的需要进行创新。P2P 行业要注重发挥互联网的优势，顺应互联网的规律，有利于提高市场效率，有利于管控金融风险，有利于降低服务成本，有利于丰富客户选择。

第七，信息要充分披露。互联网的特征是信息公开透明，P2P 网贷平台的信息透明度应当遵从更高标准，服从更严要求。P2P 机构的业务经营要经得起外部审计、经得起法律审查、经得起外部评级、经得起新闻监督。P2P 从业机构在提供服务过程中，要做到了解你的客户、了解你的产品、了解你的风险。把投资者的利益和资金安全置于更高的地位。

第八，金融消费者的权益保护应处于核心位置。互联网交易的"非面对面"特性，一般投资者只能按照产品提供者给出的提示进行操作。P2P 网贷平台要以更严格的标准强化投资者保护、风险意识培养和金融教育等功能。同时，要保护客户的合法知情权、个人信息等。

无论是四条红线、十大原则还是八大建议，都可以看出监管的主旨是为了防范风险。互联网金融的伟大之处，在于它让市场参与者更加大众化，更加惠及普通百姓和广大中小微企业。作为互联网金融的实践，P2P 在我国呈现快速的发展，这得益于我国互联网金融比较宽松的环境，然而网贷平台"跑路"致使投资人利益受到损失的事件却频频发生。P2P 网贷平台面对的投资人的数量众多，所以如果平台出现危机，涉及面很广，社会损失将会非常大。国内社会征信体系极不完善是 P2P 发展的重要障碍，监管政策也应以这一国情为基础。在 P2P 网贷平台实际操作中，征信报告仅是参考内容并不能过于依赖，遇到涉及金额较大的项目还需要实地详细调查,具体问题具体对待。随着国内金融消费者认知水平的提高,P2P 规范的逐渐建立,P2P"去担保化"是必然趋势,但目前国内 P2P 大都采用垫付担保方式,对于担保公司的资质理应进行披露,监管政策中应适度确定担保杠杆比例。监管层也在关注 P2P 网贷平台的可持续发展条件,平台在为金融消费者利益考虑的领域其措施是否充分,在展业过程中能否在各个环节上把握风险。P2P 作为去中心化思想在金融领域的开创性尝试,未来发展潜力巨大。从历史的经验来看,面对新兴事物,监管者应更多地给予引导而非规划。

(七) 国外的 P2P 行业监管

1. 美国——证券化、多头监管

美国的 P2P 网贷平台呈现寡头垄断与百花齐放的双重格局。最早的两家盈利性 P2P 网贷平台 Prosper 和 Lending Club 是个人信贷领域的绝对领头羊,市场占有率超过 90%。此外,在其他贷款市场诞生了许多有影响力的平台,比如估值近 13 亿美元的学生贷款平台 SoFi、中小企业贷款平台 Kabbage、股权与债券众筹都有的房地产贷款平台 Realty Mogul。2014年 12 月 Lending Club 在纽约证券交易所成功上市,融资额位列当年全美第 18 大 IPO。P2P 行业吸引了全球资本的目光。

美国的 P2P 平台主要由证券与交易委员会 SEC、联邦贸易委员会和消费者金融保护局等机构对 P2P 行业进行职能监管,其中证券与交易委员会是监管核心。通过证券法律中信息披露要求,证券与交易委员会和州证券监管部门负责保护投资人,而联邦存款保险公司和各州监管机构则主要保护借款人。根据《多德-弗兰克华尔街改革与消费者保护法案》建立的消费者金融保护局主要从金融消费者保护角度开展必要保护。

从第一家 P2P 网贷平台 Prosper 于 2005 年成立,到 2008 年 10 月美国证券交易委员会向其下达停运通知书,美国仅用三年时间就正式介入 P2P 监管。早在 2006 年 Prosper 就曾经寻求美国证监会提供一封监管豁免函以确定其运营方式的合法性,但在多次尝试后,美国证监会仍然未予承诺。而在 Prosper 等 P2P 网贷平台在灰色地带游走了两年多之后,美国证监会认定 Prosper 的运营模式涉及证券销售,并将其定性为在允许的范围内销售"附有投资说明的借贷凭证"的机构,要求包括 Propser 在内的所有 P2P 网贷平台在证监会登记注册。也就是把 P2P 网贷平台定性为债券交易商,而不是信息服务商。美国 P2P 行业自此经历了一场大洗牌。注册要求搭起的高门槛有效阻止了劣质新参与者的加入。与此同时,大量的小机构却由于达不到注册要求以及无力负担高昂的法务费用而被迫关闭,这还包括当时已进入美国市场的英国网贷平台 Zopa,由于难以承担美国市场太高的监管成本和技术成本而退出美国市场。就连原先美国 P2P 的领跑者 Prosper 也在历时八个月的注册歇业后被 Lending Club 反超。这次洗牌造就了今日美国 P2P 行业近似双寡头垄断的市场格局。目前 Lending Club 和 Prosper 两者在美国 P2P 行业的市场份额超过了 70%。此外,监管要求 P2P 网贷平台每天都要至少一次或者多次向美国证券交易委员会提交报告,以保证当消费者对 P2P 网贷平台提起法律诉讼时,有存档记录证明平台是否存在错误信息误导消费者。

美国的平台运营监管是最严格的,确实起到了清洗市场、提高平台透明度、增强社会对其信心的作用。但同时也早早地束缚了美国 P2P 的手脚,难免压缩了其自由成长的空间。无论是哪种形式或者原因的垄断,都会造成市场效率本身的下降。作为垄断者的 Lending Club 的利润都是从其上下游的资金出借方和借入方获取的,那么可以预测的一个结果是 Lending Club 的出借人实际获取的收益率低于市场更加充分竞争情况下能够获取的收益率,或者借款人承担的利息率高于市场有更多资金提供方情况下能够提供的利息率。这也逐渐远离了 P2P 模式的初衷,因此,高门槛的严格监管带来的负面影响也不容忽视。

2. 英国——监管和自律相辅相成

2005 年 3 月,一家名为"Zopa"的网站在英国开通,标志着 P2P 网络借贷的诞生,英国随即成为 P2P 网贷平台的发源地,并且至 2014 年英国的中小企业贷款模式平台的年成交量超过了个人信贷模式平台的年成交量。同时,P2P 网贷平台帮助中小企业获得的资金绝大部分进入到了实体经济。研究 P2P 监管在英国的发展过程,发现其采用了较为宽松的机制,更倾向于让行业进行自律和做到充分的信息披露。

(1) 行业自律——P2P 金融协会

作为 P2P 网贷的发源地,虽然英国政府认可其合法经营,却一直没有权威机构对其进行监管,在很长一段时间内仍然存在着"监管模糊"的问题。这意味着在这段野蛮生长的时间内,P2P 的参与者几乎不受法律法规保障。为了获得公众信任,2011 年 8 月 15 日,英国的 P2P 行业主动成立了自律组织 P2P 金融协会(Peer-to-Peer Finance Association,P2PFA),主要成员即三巨头 Zopa、RateSetter、Funding Circle,对行业进行自律监管。协会的首要目的是确保该行业继续高速、健康地发展,并在章程中设立了特别有益于消费者和小企业的最低行为标准,同时强调了监管的有效性,确保监管落实到平台运营商,促使平台健康运行、操作风险可控、服务透明公正,最终提供简单且低成本的金融服务。例如,协会提出了如下一系列关键的平台运营原则:

高级管理人员:协会的成员平台至少有一名董事会成员是 FSA(英国金融服务局,现为英国金融行为监管局)认可的代理人。

最低运营资本金要求:协会的成员平台必须保有足够资金能够覆盖三个月的运营成本,且最低不得低于 2 万英镑。成员应当在财年结束 28 天内上报协会,协会将安排会计公司进行审计。

客户资金隔离:成员平台的客户资金必须单独存放于银行账户中,与自营资金与公司资本隔离。并且每年安排外部审计人员审核。

适当的信用和支付能力评估:成员平台必须有审慎的风险管理政策,使贷款违约率在可控范围之内。同时该政策必须向有关部门备案。

适当的反洗钱和反欺诈措施:成员平台要遵守反洗钱法规,建议加入反洗钱协会(CIFAS)。

清晰的平台规则:有健全的合同条款;公司不能成为自己平台的借款者,可以成为投资者,但必须公示;成员平台须公开预期违约率、实际违约率、逾期贷款等;审核借款者申请时,只能向信用评级公司申请"软浏览"。

营销和客户沟通:成员平台须在关键信息的宣传与营销上透明、公正、无误导。

安全和可靠的 IT 系统：成员平台应建立与其规模和项目相适应的、安全可靠的 IT 系统。

公平处理投诉：成员平台须有明确的投诉处理办法，保障消费者的投诉可以得到公平及时的解决。

有序破产：成员平台应当有平台破产或停止运营后继续有序管理现存合同的计划。

现在该协会已经覆盖了英国 95％的 P2P 借贷市场以及大部分票据交易市场，成员包括 Zopa、RateSetter、Funding Circle，等等。

同时，英国主流的信用评分机构有三家：Callcredit、Equifax、Experian，由英国信息专员办公室直接监管。这三家机构拥有大多数英国公民的信用报告，消费者如果对他们的个人信用报告的内容或评分机构有问题可以随时投诉，完善的个人征信体系也为 P2P 网贷行业的发展提供了便利。

（2）P2P 行业监管

在英国，P2P 行业被划分在消费者信贷市场，据英国 P2P 金融协会的统计，2013 年英国替代性金融市场（包括 P2P 网贷、股权众筹、产品众筹、票据融资等业务）规模已超过 6 亿英镑，其中 P2P 网贷所占比例高达 79％。它的监管最初是由英国公平交易局（Office of Fair Trading）负责。然而由于英国政府于 2014 年 3 月将公平交易局关闭，消费者信贷市场的监管权转移到英国金融行为监管局（Financial Conduct Authority，简称 FCA）。

早在 2013 年，英国已经草拟出了针对 P2P 行业的法规，2013 年 10 月 24 日金融行为监管局首先发布了《关于众筹平台和其他相似活动的规范行为征求意见报告》，详细介绍了拟对"网络众筹"的监管办法。截至 2013 年 12 月 19 日，这份征求意见报告共收到 98 条反馈意见，受访者普遍认可这份报告推行的方案。FCA 结合反馈意见，正式出台了《监管规则》，并计划于 2016 年对其实施情况进行复查评估，并视情况决定是否对其进行修订。FCA 表示，制定这套监管办法的目的，一是适度地进行消费者保护；

二是从消费者利益出发,促进有效竞争。2014 年 4 月 1 日,全球首部针对 P2P 监管的法律法规《关于网络众筹和通过其他方式发行不易变现证券的监管规则》正式施行。FCA 将借贷型众筹(Crowdfunding based on loan,即 P2P 借贷)和股权投资型众筹(Crowdfunding based on investment)两类纳入监管,并制定了不同的监管标准,从事以上两类的公司必须要取得 FCA 授权。围绕金融消费者保护的监管目标,FCA 建立了平台最低审慎资本标准、客户资金保护规则、信息披露制度、信息报告制度、合同解除权、平台倒闭后借贷管理安排与争端解决机制等七项基本监管规则,要点如下:

最低资本要求及审慎标准:《监管规则》规定以阶梯形计算标准来要求资本金,具体标准为:5 000 万英镑以内的资本金比例为 0.2%;超过 5 000 万英镑但小于 2.5 亿英镑的部分 0.15%;超过 2.5 亿英镑但小于 5 亿英镑的部分 0.1%;超过 5 亿英镑的部分 0.05%。FCA 考虑到借贷型众筹几乎没有审慎性要求的经验,所以为公司安排过渡期来适应。FCA 决定,在过渡期实行初期 2 万英镑、最终 5 万英镑的固定最低资本要求。其中,被 FCA 完全授权的公司在 2017 年 3 月 31 日前都可以实行过渡安排,同时提醒在公平交易局监管下的借贷型众筹平台不必实行审慎标准直到被 FCA 完全授权。

客户资金保护规则:若网络借贷平台破产,应对现存贷款合同做出合理安排。如果公司资金短缺,将会由破产执行人计算这部分短缺并按照比例分摊到每个客户身上。而执行破产程序所涉及的费用也将由公司持有的客户资金承担。这意味着无论公司从事什么业务,一旦失败,客户资金将受到损失。公司必须隔离资金并且在客户资产规范条款下安排资金。

争端解决和金融监督服务机构的准入:FCA 将制定规则以便投资者进行投诉。投资者首先应向公司投诉,如果有必要可以上诉至金融监督服务机构。争端解决没有特定的程序,只要保证投诉得到公平和及时的处理即可。FCA 主张公司自主开发适合他们业务流程的投诉程序,尽量避免产生过高的成本。投资者在向公司投诉却无法解决的情况下,可以通过向金融监督服务机构投诉解决纠纷。如果网络借贷平台没有二级转让市场,投资者可以有 14 天的冷静期,14 天内可以取消投资而不受到任何限制或承担任何违约责任。特别注意的是,虽然从事 P2P 网络贷款的公司取得 FCA 授权,但投资者并不被纳入金融服务补偿计划(FSCS)范围,不能享受类似存款保险的保障。

P2P 网贷公司破产后的保护条款:为了建立适当的监管框架以平衡监管成本和收益,目前 FCA 不对 P2P 网贷公司制定破产执行标准。因为即使制定严格标准要求,也不能避免所有的风险。如果这些标准没有按照预期运行,消费者依然可能受到损失。FCA 希望投资者清楚,制定严格标准不仅代价极大而且也不能够移除所有风险。同时 FCA 希望可以由公司自己制定适合其商业模式及消费者的制度和方法。

信息披露:P2P 网贷平台必须明确告知消费者其商业模式以及延期或违约贷款评估方式的信息。与存款利率作对比进行金融销售推广时,必须要公平、清晰、无误导。另外,网站和贷款的细节将被归为金融推广而纳入到监管中。

FCA 报告规范:P2P 网贷平台要定期向 FCA 报告相关审慎和财务状况、客户资金、客户投诉情况、上一季度贷款信息,这些报告的规范要求于 2014 年 10 月 1 日开始实施。其中,审慎和财务报告只有公司被完全授权的一个季度后才开始提交。另外,平台的收费结构不在报告规则要求里。

除了一些老牌的 P2P 网贷平台,新兴的 P2P 网贷平台正在英国不断涌现,内容丰富、形式多样,借贷模式同样处于演变之中,其轨迹与国内模式有重合之处。英国出现了一些专注于小微企业的 P2P 网贷平台,英国政府也积极通过 P2P 网贷平台向小微企业直接提供贷款。这种趋势主要缘于英国良好的金融环境和英国政府鼓励替代性金融发展的大背景。英国 P2P 模式的创新发展,如安全保障基金、借款保险等投资者保护工具的推出,对我国 P2P 行业发展也具有很大的启示意义。

六、国外 P2P 网贷模式

（一）Lending Club

1. Lending Club 发展历程

美国的 Lending Club 成立于 2007 年,是目前全球最大的 P2P 网络贷款平台,而且发展非常迅速。2013 年盈利 730 万美元,2014 年年底上市,首日市值便接近 90 亿美元,上市后的首份年报则显示 2014 年公司盈利转为负,亏损为 3 290 万美元。之所以出现这种状况,主要是因为营销和产品开发成本远超贷款费用。

Lending Club 创始人 Laplanche 在 2000 年创建 Matchpoint 时产生了推出 Lending Club 的想法。像很多其他的自助创业者一样,他用信用卡维持公司的早期运营。那是他人生中唯一一段信用卡负债的经历,这也让他第一次意识到刷信用卡是多么昂贵。尽管信誉不错,他也还需要支付 18％的信用卡利率。当时他凑巧向朋友们借钱,而朋友借钱的条件比信用卡公司优惠很多。他就考虑能不能把这个想法做成一个模型来提高融资效率。

Laplanche 意识到信用卡公司并不基于风险定价。他们对所有客户收取同样的利率,用信用好的客户来供养信用较差的客户。如果能把前 10％或是 20％信用度好的客户区分出来,他就能给这些人提供更低的贷款利率。如果像他朋友一样的人给信用好的人投资,他们能够得到和信用卡公司一样的回报。

2006 年 7 月,Laplanche 自己调研时发现,Prosper 网站已经在同年早些时候推出了他所设想的模式。对 Laplanche 来说,这既是坏消息也是好消息。坏消息是已经有人拿着这个想法捷足先登,好消息是这也证明了此项目具有可行性。他还发现,2005 年 Zopa 就已在英国推出了类似的产品。

Laplanche 早期做出的两个决定,对形成和 Prosper 的差异化竞争至关重要。第一个是担保模式,Prosper 的最低信用额度是 520 美元,Laplanche 则想把重点放在信用度高的客户上。第二个是定价模式,Prosper 采用的是拍卖模式,投资者可以决定他们自己发放贷款的利率。Laplanche 则认为,让市场决定利率并不是最好的策略,因为投资者通常没有足够的消费信贷知识来作出准确的判断。

2007 年 5 月 24 日,Lending Club 以应用的形式低调登陆 Facebook。当时 Prosper 和 Zopa 是 P2P 网贷平台的领头羊,并没有太多人看到这另一 P2P 网贷平台的重要意义。

作为 Facebook 的应用发布是一个有意思的选择。Laplanche 在新闻发布会上说:"P2P 网贷在社交网络中能够更快更广地发展,Facebook 有 2 400 万活跃用户,通过社交图谱和人际网络交流分享信息,这是一个理想的发布平台。"

当时 Laplanche 相信社交网络能够深化 P2P 网贷应用的使用。其基本理念是,P2P 网贷需要更多的信任,因此在已有关系网络和能够追踪关系的平台上,P2P 能够发展得更快。

从公关角度讲,Lending Club 登陆 Facebook 是一个成功。Facebook 帮 Lending Club 带来了诸多关注,但从流量和贷出量来说,这并不是一个巨大的成功。一部分原因是当时 Facebook 还是一个以大学生群体为主的社交网络。一方面 Facebook 的用户比较年轻,只有有限的信息记录,没有太多人能够满足 Lending Club 的贷款条款;另一方面大多数 Facebook 用户没有大额资金进行投资。于是 Lending Club 把目光投向 Facebook 以外的用户,并开始逐渐发力。

Lending Club 对所有人开放后,进入了快速发展期。2007 年 9 月,Lending Club 大规模开放的第一个月就发放了 37.3 万美元的贷款。六个月后到 2008 年 3 月,贷款量增长超过 1 000%,达到 420 万美元。

Lending Club 成立时,根据对财政法的理解,Lending Club 和中转银行有着类似的功能,是投资者和借款人的直接协调者。这也是 Prosper 的运行模式。2007 年夏,Lending Club 和证券交易委员会就投资者权证的问题进行了对话。2008 年 3 月,证券交易委员会认定票据为证券性质,需要准备申请注册。2008 年 4 月 7 日,Lending Club 主动关闭部分业务。在申请注册阶段,新投资者不能注册,现有投资者也不能发放新贷款。然而 Lending Club 的借款业务还在运营,他们用自己的资金发放贷款。已发贷款的投资者依然能收到偿还金。

静默期过后,Lending Club 于 2008 年 10 月 14 日重新开业,这时正值全球金融危机。银行停止贷款,Laplanche 看到了一个真正的机会,Lending Club 可以解决一部分金融危机产生的问题。此时比过去两年的任何时候,都更需要 Lending Club 提供的服务。

2008 年 3 月,在 Lending Club 对投资者关闭服务开始静默期的前一个月,他们的贷款量是 415 万美元。直到 2009 年 8 月,静默期结束十个月之后,他们的贷款量才超过了这个数值。

缓慢的回归主要是由于投资者的迟疑。2009 年大家普遍认为所有的消费借贷都很糟糕,Lending Club 要打破他们的借款人和造成次贷危机借款人同样不可靠的观点。而且,Lending Club 缺少长期的收益记录,尽管 2007 年发放的贷款在金融危机中表现非常良好。

Laplanche 和他的团队继续为他们的事业努力。证券交易注册申请消耗了 A 轮风险投资很大一部分的资金,2009 年年初他们开始了下一轮融资。同年 3 月,Lending Club 拿到了由 Morgenthaler Ventures 领投的 1 200 万美元的 B 轮投资,其合伙人 Rebecca Lynn 进入董事会。参与 A 轮投资的迦南资本和西北投资也跟进了 B 轮投资。

到 2009 年年底,Lending Club 的发展渐入佳境。2009 年每个月的贷款量都持续增长,2009 年 12 月新增贷款额超过 700 万美元。

2010 年,投资圈的另一些资本开始对 Lending Club 感兴趣。一些大额投资者加入董事会,但他们不想自己一笔一笔做投资。这些个人和组织认可 P2P 的借贷模式,他们希望有一些可控产品。

Laplanche 和他的法务团队开始研究怎样提供这类服务。这意味着他们要拿着这个创意到证券交易委员会再走一遍注册程序,不过这次是作为一个独立的主体。2010 年 11 月 LC Advisor(投资管理公司)注册成功。2011 年 3 月 Lending Club 成立了投资低风险借款人(A、B 级客户)的保守信贷基金(Conservative Credit Fund)。很快他们又推出了投资各风险级别的通用基金(Broad Based Fund)。LC Advisor 发展迅速,截至 2012 年 10 月,已有 2.5 亿美元注入这些基金。

2011 年 Lending Club 搬到了旧金山的金融核心区,推出了 LC 投资咨询项目,招募了几位重要高管。2012 年福布斯、彭博和《纽约时报》都对 Lending Club 进行了广泛报道。接着是 John Mack,这位摩根士丹利前首席执行官宣布加入 Lending Club 董事会,引起巨大轰动。

自成立以来到 2012 年 2 月,Lending Club 共发放了 5 亿美元贷款。他们用了五年时间达到这个里程碑。仅九个月之后,也就是 2011 年 11 月,Lending Club 累计发放 10 亿美元贷款。他们同时宣布 Lending Club 现金流已经为正,盈利指日可待。

2012 年的另一大发展是凯鹏华盈的 1 500 万元的股权投资,随之任命 Mary Meeker 加入 Lending Club 董事会。这次投资的爆炸性新闻使 Lending Club 的估值超过 5.4 亿美元,这也引来了更多投资者的关注。

2012 年年末,Lending Club 做了一个迎合大型机构投资者的改变。他们暂时留出了平台上 20% 的贷款(随机选取),让大型投资者进行全额贷款投资。这让小额投资者恼火,但也反映了机构投资者对 Lending Club 权证日益增长的需求。

2. Lending Club 运营框架

Lending Club 为满足美国法律和监管的要求,形成了非常有特点的运营框架,核心参与者有四类:Lending Club、投资人、借款人和 Web Bank。其中,Web Bank 是一家在犹他州注册、受联邦存款保险公司(FDIC)保护的商业银行。

尽管 P2P 的本意是个人对个人,但在 Lending Club 的运营框架中,从法律上讲,投资人和借款人之间不存在直接的债权债务关系,他们注册时使用账号名称,保持匿名,彼此不认识,也不允许获取对方的真实姓名和地址。投资人购买的是 Lending Club 按美国证券法规规定发行的票据。给借款人的贷款,先由 Web Bank 提供,再转让给 Lending Club。每一个系列的票据均对应着一笔贷款,两者之间存在类似于镜像的关系。如果不考虑 Lending Club 向投资人收取的服务费,借款人每个月对贷款偿付多少本息,Lending Club 就向持有对应票据的投资人支付多少。如果借款人对贷款违约,对应票据的持有人也不会收到 Lending Club 的支付(即 Lending Club 不为投资人提供担保),但这不构成 Lending Club 自身的违约,所以 Lending Club 不承担与借贷交易相关的信用风险。对 Web Bank 而言,因为向借款人放贷以及向 Lending Club 转让贷款几乎同时发生,也不承担与借贷交易有关的信用风险,在一定程度上类似于托管银行的角色。贷款的信用风险实际上完全由投资人承担。

因此,Lending Club 运营框架的核心是有镜像关系的贷款和票据。每对贷款和票据均有相同的本金、利息、期限、现金流特征,这类票据被称为收益权凭证,类似于证券化中的转手证券。通过贷款和票据的安排,尽管 Lending Club、Web Bank 和借贷双方之间存在复杂的契约关系,但从信用风险的角度看,投资人和借款人之间如同有直接的债权债务关系,而 Lending Club、Web Bank 则如同不介入借贷交易。所以,在 Lending Club 的运营中,涉及贷款的发放和转让以及票据的发行和交易,跨越了银行和证券两个领域。

Lending Club 从向投资人出售票据和安排 Web Bank 发放贷款的过程中,收取服务费作为盈利。对于投资人收到的每一笔支付,Lending Club 都会收取 1% 的服务费。借款人要向 Lending Club 一次性缴纳贷款手续费。

3. Lending Club 的借款方

拟借款人经注册后在 Lending Club 网站上提交贷款申请。Lending Club 对借款人的资质有一些限制,包括:(1)拥有美国国籍或为美国永久居民;(2)年龄在 18 周岁以上,有邮箱、美国的社会保障号以及在美国金融机构的账号;(3)信用资质方面,FICO 信用评分在 660 分以上,债务收入比小于 35%（其中按揭贷款不计入债务），信用历史长度大于三年，过去六个月在 Lending Club 上贷款少于六次。

拟借款的人在申请贷款时要按 Lending Club 的要求提供能反映本人信用状况的信息，Lending Club 对贷款申请的筛查很严，截至 2012 年年底，只有 11% 的申请者获得了贷款。由此使得 Lending Club 中的借款人整体上属于美国的中上阶层。比如，截至 2013 年 10 月底，借款人的 FICO 信用评分平均是 703 分，债务收入比平均是 16.2%，信用历史长度平均是 15 年，年均收入 7.1 万美元（在美国人口中居于前 10%）。

借款人要说明贷款的三项核心内容：金额、期限、用途。Lending Club 允许的贷款金额在 1 000 至 35 000 美元之间。贷款期限由借款人制定，有三年期和五年期两种。对金额在 1 000 至 15 975 美元之间的贷款，如借款人没有特别请求，Lending Club 默认的贷款期限是三年。贷款用途也由借款人说明，Lending Club 不会确认或监督贷款的真实用途。截至 2013 年 10 月底，Lending Club 上的平均贷款金额是 13 500 美元，贷款用途以再融资和归还信用卡欠款为主，基本属于消费信贷范畴。

Lending Club 的风险定价是其核心技术之一，由信用评级和贷款利率定价两部分组成。

信用数据从高到低分成 A 到 G 共七个等级，每个等级从高到低又细分成一到五共五档（实际上共 35 个信用评级），分两步得到。第一步，Lending Club 根据借款人的 FICO 信用评分以及其他信用特征，得到一个模型次序，每个模型次序均对应着一个基准信用评级。第二步，根据贷款金额和期限，对基准信用评级进行调整，得到最终的信用评级。贷款金额越大或期限越长，信用评级下调的档次越多。

在 Lending Club 中，贷款利率是市场化的，采用固定利率形式。总的来说，贷款利率与信用评级挂钩，等于基准利率与风险、波动率调整之和。其中，风险、波动率调整的目标是覆盖贷款的预期损失。评级越低，贷款利率越高。

借款人向 Lending Club 缴纳的贷款手续费在贷款金额的 1.11% 至 5.00% 之间，直接从贷款本金中扣除。费率与信用评级、贷款期限有关，信用评级越低或贷款期限越长，费率就越高。

Lending Club 具有独家权利从借款人手中按月取得贷款,通常采取电子转账的方式,而且可以尝试追索任何已经逾期的贷款,也有权决定是否或者何时将贷款转让给第三方收款机构。

4. Lending Club 的投资方

Lending Club 对投资人有一些适当性要求,比如要求投资人的收入和财富(用净值来衡量)达到一定的标准,在 Lending Club 上的投资不得超过财富的 10％,但无须经过信用审核。此外,Lending Club 还成立了一个投资管理公司——LC Advisor(前文已提到)。

投资人可以在 Lending Club 网上手动挑选愿意购买的票据(因为票据比较多,Lending Club 提供了检索、筛选工具),也可以使用 Lending Club 提供的组合构建工具,对单个票据的最小投资额是 25 万美元。比如,投资人指定有关风险收益参数后,Lending Club 会推荐一个票据组合。

对投资者而言,风险分散效果非常明显。比如,Lending Club 统计表明,如果投资人购买 100 个票据,遭受亏损的概率是 1％;购买 400 个票据,遭受亏损的概率是 0.2％;购买 800 个票据,基本不可能出现亏损。

需要说明的是,在投资者认购票据时,实际上相关票据并没有发行,对应的贷款也没有发放。当认购足额时,票据才会向投资者发行,Lending Club 收到认购款(历史统计表明,99％的票据被全额认购)。同时,Web Bank 会发放对应的贷款,然后将贷款转让给 Lending Club。Lending Club 向投资者发行的票据,不在任何证券交易所挂牌交易。但 Lending Club 建立了票据交易平台 Foliofn,用于投资人之间的票据转让,相当于为票据设立了一个二级市场,为投资人提供流动性。[1]

(二) Prosper

1. Prosper 的发展历程

Prosper 是美国第一个 P2P 网贷平台,成立于 2006 年 2 月,后被认定

---

[1] 谢平:《互联网金融报告 2014》第七章。

为是不合法,在 2008 年年初被勒令关闭,2009 年重新开业。截至 2014 年 2 月,Prosper 拥有会员数已经达到 221 万,总计成功贷款额超过 9.07 亿美元。在这个平台上,借款者可以提出 2 000～35 000 美元的无担保贷款,根据 Prosper 平台划分的七个信用等级(AA、A、B、C、D、E、HR)借款者不同的借款利率范围,说明自己所能承受的最高借款利率、借款理由、财务状况等,与此同时,投资者可以通过观察借款者的信用评级、历史交易记录、个人借款描述、朋友背书、社区情况、小组隶属情况以及推荐次数等,来决定自己的投资决策,而投资者每次至少出借 25 美元。犹如荷兰式拍卖,出借人通过一步一步地降低利率进行竞拍,满标后,平台按照利率高低和借款总金额,将提出低利率的出借人进行组合,作为成功竞标者。Prosper 提供匹配借款者和投资者的中介服务,负责交易过程中的前期所有环节,包括贷款支付和收集符合借贷双方要求的借款人和出借人。

风险控制措施如下:会员可以建立自己的社区,邀请朋友、家人、同事参与到 Prosper 市场,这样可以提高借款或投资的可信度。或者会员可以加入小组,在 Prosper 的大平台上,找到一个小平台,更容易实现成员与成员之间的借贷,也增加了会员借款指令的可信程度。截至 2014 年 2 月 26 日,平台已经拥有 3 953 个小组,成员人数从 0 到 8 674,还在不断的变动中。或者会员可以通过邀请朋友或所属小组的组长为其借款指令进行推荐,被推荐的次数越多,投资者越相信借款者的素质和还款能力。

从 2009 年 7 月 13 日到 2012 年 12 月 31 日,Prosper 平台共促进 38 467 个成功借款指令,累计本金借出额 2.64 亿美元,平均借款金额为 6 867 美元。在这期间,65.7% 的借款指令仍在进行中,22.8% 的借款已还完,剩下 11.5% 的借款违约未还,包括逾期 1 至 30 天、30 至 120 天以及违约不还的情况。

2. Prosper 运行流程与模式

(1) 交易撮合方式

Prosper 实行匿名注册。要想在该平台获得贷款,所有参与方均须先注册为该公司的会员,并且提供个人基本信息,才能获得借款人或者放款人的资格。注册时不采用实名制,而是使用账号名称,用以保持双方的匿名。Prosper 实行的是"拍卖模式"：借款人在网站上发布借款需求,贷款额度最低 50 美元、最高 2.5 万美元,写明期限并说明借钱的原因和用途,然后设定一个愿意支付的最高利率。投资人以此利率为基准通过降低利率进行竞拍。竞拍的出价就是利率,投资者谁的利率更低就更能获得投资机会,但这不是全额竞拍而是以自己愿意投资的额度竞拍。拍卖结束后,Prosper 将最低利率的投资人组合成一个简单的贷款交给借款人完成交易。

（2）借款人筛选

一般而言,个人信用评级的主要根据是其历史信用记录。要成为 Prosper 网站用户须在美国拥有社会保障号、个人税号、银行账号,且个人信用评分超过 520 分。这个条件是十分宽松的,这客观导致难以控制坏账率。

（3）坏账风险防范

除了通过个人信息和历史信用记录作为一个成为借款人的必要条件,Prosper 在保障投资人利益方面的措施就是鼓励分散投资。其拥有独立的信用积分评价体系。每个借款人必须填写贷款申请表,经审核后平台确定其信用状况。Prosper 会对每个贷款需求做一个等级评定,用以帮助放款人评价借款人的信用等级。Prosper 要求借款者的信用积分至少达到 640 分。Prosper 还设定了单笔投资金额限制。对于放款人的单笔投资而言,最少金额为 25 美元,最高为 500 万美元。截至 2013 年 9 月,Prosper 公司的放款人平均投资数额为 6 075 美元。放款人既可以进行多项投资,也可以投资于单一贷款,或者只投资于该贷款需求的一部分。

（4）交易利率形成方式

Prosper 的利率是通过竞价拍卖形成的,市场化的程度很高,但与借款人的信用不挂钩。形式上一个贷款申请的最终成交利率是中标组合的平均利率。

Prosper 允许放款人进行组合投资。Prosper 会将审核后的贷款需求放在官方网站上供放款人浏览和选择,内容包括贷款的总额、贷款的利率和客户评级。放款人既可以浏览已经审核后的贷款需求清单,选择要投资的对象,根据自身所偏好的贷款标准,来制定投资组合,还可以使用平台提供的自动投资组合组建工具来选择放贷组合。该工具允许放款人利用平台自定义的规则,例如信贷质量、平均年利率,来搜索符合条件的贷款申请。

(5)借款人违约风险承担机制

Prosper 模式是单纯的信贷中介模式,负责交易过程中的所有环节,但它在保障制度上和介入交易的程度不如 Zopa,承担借款人违约风险的是投资人。

(6)Prosper 的收入来源

Prosper 的收入来自借贷双方,对借款人收取每笔贷款的 1%~3%的费用,对投资人按年总出借款额度的 1%收取服务费。

(7)拍卖形式是最大特色

Prosper 最大的特色是以拍卖的形式撮合交易,因为美国最大的网上商城 eBay 就是拍卖的形式,所以美国民众对这种形式的接受度很高,以前是在 eBay 上拍商品,现在是在 Prosper 上面拍下投资机会。另外关于 Prosper 的一个重要事件是 2008 年年初美国证监会曾勒令该网站关闭,美国证监会认为这种 P2P 模式实际是在变相进行证券交易,触犯了证券法的相关规定,不过 2009 年加州政府允许该公司重新开业并重新从事 P2P 信贷业务。这一事件说明即便在美国,P2P 模式也处在一个动荡探索的时期。

(三)Zopa

1. Zopa 发展历程

Zopa 成立于 2005 年 3 月,起源于英国,是世界上最早成立的 P2P 网络贷款平台。Zopa 摆脱了银行中介的大开销,帮助借款者获得低利率贷款和投资者得到高收益,从而获得回报,连续四年均获得"最佳信用贷款提供者"。截至 2014 年 2 月 26 日,平台总计成功贷款额已经超过 4.77 亿英镑,拥有超过 5 万个投资者和 8 万个借款者。在这个平台上,借款者可以提出 1 000~15 000 英镑的借款要求,基于信用评级确定借款利率,而投资者每次至少投资 10 英镑。

风险控制措施如下：首先,平台上的贷款申请者都是经过平台身份和信用核查、风险评估的,专家团队保证所有的借款者都拥有一个良好的借贷历史,具有大额的无担保贷款和较差的借贷偿还历史的会员都是不允许借款的。其次,出借人的资金必须分散投资,假设拥有 2 000 英镑,至少要分散投资给 200 个借款者。最后,当证实借款者偿还比较困难时,平台会派出信息收集机构跟进,当法律确认借款者违约时,投资者可以获得 Zopa 保证金的全部追偿,包括本金和利息,使得借出者无需担心投资资金无法收回,而保证金的来源是由借款者成功借款之后需要支付的一笔费用组成的。直至 2014 年 2 月 15 日,平台的总体违约率为 0.62%,在活跃市场,违约率仅为 0.165%,非活跃市场的则高达 2.85%。

2. Zopa 运行流程与模式

与其他平台相比,Zopa 具有以下特点:(1)放款人的放款下限仅为 10 英镑,放款金额没有过多约束。(2)设置专家团队提供相关服务,减少资金风险。(3)Zopa 不公布借款人信息,不允许借贷双方自行匹配。正是在上述保障措施下,Zopa 的贷款违约率极低,仅为 0.2%。但借款人获得资金的难度也较大,据 Zopa 统计,网站借款人在 57 000 人以上,远大于放款人人数。平均每笔贷款需求为 5 500 英镑,而平均每笔贷款供给仅为 3 500 英镑。借款人完成注册后,由与 Zopa 合作的 Equifax 信用评级机构评定其个人信用等级,一般分为 A *、A、B 和 C 四个等级。放款人则可选择相应等级的贷款对象,结合借款期限,进行投资选择。Zopa 平台在考察核准后为借贷双方进行匹配撮合,并按照预设条款进行资金转账。

(1)交易撮合方式

借款人先在网站上发布信息完整的贷款需求信息,包括金额、利率、期限等,投资人在网站上浏览、自行选择借款人,然后以 10 英镑为单位进行投资,最后达成交易。如果借款人发布的贷款利率过低则可能借不到钱。网站确保每笔大型贷款项目至少有 200 人为其提供资金。

(2)借款人筛选

Zopa 运用信用评级的方式来审查借款人的资质,首先根据借款人的个人信用记录将其信用等级分为 A﹡、A、B 和 C 四个等级,如果借款人情况过于糟糕,在这四类评级之外,则会被网站拒之门外。评级较高者意味着违约风险小,就能以较低的利率借到钱,这样一来信用评级就对借款人形成了约束,信用评级还能帮助投资人根据自身的风险偏好作出投资决定。

(3)坏账风险防范机制

Zopa 一方面审查借款人信用等级将最劣质的借款人排除在网站门外,以控制坏账率;另一方面它希望通过制度设计来监督交易达成之后的环节、保证借款人还款、降低投资人的风险,它具体的措施包括这几点:第一是强制借款人按月分期偿还贷款;第二是借款人必须签署具有法律效力的合同;第三是强制投资人进行分散投资,Zopa 所有的投资都是以 10 英镑为单位进行的,它规定给一个借款人投资的额度最多只能是 10 英镑;第四是在发生坏账之后该网站负责雇佣第三方公司进行坏账跟踪和追讨。

(4)交易利率形成机制

在 Zopa 网站上,由借款人发布贷款利率然后投资人选择接受,基本上是由资金供求双方决定的。此外,最终形成的利率水平与借款人的信用评级挂钩程度较大,同时也受到借款金额、借款期限的影响。

(5)借款人违约风险的承担

Zopa 网贷平台介入交易的程度比较高,从负责坏账追讨的角度而言,它也必须为违约付出成本,网站拥有自己的保障基金 Zopa Safeguard,用于在借款者违约时,赔偿放款人的本金与利息收入。所以它和投资人共同承担信贷违约的风险。

(6)Zopa 的收入来源

Zopa 实行双向收费的制度,收取借款人每笔 0.5% 以及投资人年借款额 0.5% 的服务费。

(7)Zopa 的特色是风险控制的制度设计和完善的服务

Zopa 最大的特色在于其上述风险控制的制度设计和完善的服务,对投资人利益保障较高。Zopa 在整个交易过程中的服务包括:信息发布对接、相关法律文件准备、对借款人进行信用认证、坏账发生时雇佣代理机构为投资人追讨欠账等。

（四）国外 P2P 发展对中国政府发展 P2P 行业的启示

1. 国外社会信用体系相对健全，网络借贷风险低

美国、英国 P2P 网贷平台发展较为迅速，是与其成熟、规范的个人信用体系分不开的。它们普遍使用以商业征信公司为基础的社会信用管理方式，向社会提供包括资信调查、资信评级、资信咨询、商账追收等有偿服务，完全实行市场化运作。商业征信公司对政府部门、公共机构、私人部门以及法院判决的信息进行分类、计算、分析、评估，最终形成征信产品，有力促进了征信市场的发展。在美国的 P2P 网站，借款人只需输入身份证号，就可以获得个人信用记录。而我国的全国信用评价体系尚未建立，网络借贷平台的信用数据库也未与银行连通，央行的征信报告则不对中介平台开放。因此，中国 P2P 网贷平台获取客户个人信用资料的成本较高，真实性难以保证，使借贷风险增加。为了完善我国的个人信用体系，政府应加大重视力度，整合各种资源，建成覆盖全国的数据采集渠道、指标完整的个人信用数据库、科学合理的个人信用评价体系，建立信息披露查询平台。

2. 国外 P2P 监管机制较为健全

在美国，专门针对民间借贷方面的法律包括《消费者信用保护法》、《诚实借贷法》等，使得民间借贷与主流金融机构借贷一样拥有合法地位。其中《消费者信用保护法》明确将互联网借贷纳入民间借贷的范畴。在这些法律体系下，P2P 发展较为规范。而在中国，行业准入机制和监管制度尚未形成，甚至连监管机构都没有明确，在这样的背景下，潜在风险较大。"哈哈贷"、"众贷网"等数十家平台先后倒闭便是警示。中国 P2P 网贷平台的长期发展仅仅靠民间和市场的力量是不够的，还需要各级政府发挥更大作用。一是国家及地方相关部门应积极出台 P2P 信贷的相关政策，对现在一些难以定性的问题，如平台准入问题加以明确，为 P2P 网贷平台的发展指引方向。二是对 P2P 网络小额信贷平台加强监管，建立起规范的制度，增加平台的可靠度，也增加公众对 P2P 网络小额信贷平台的信心。三是加强平台信息披露制度，要求平台对资金情况进行适当的信息披露。

（五）国外 P2P 发展对中国 P2P 行业发展趋势的启示

1. 资产证券化将是中国 P2P 行业发展的必经之路

2013 年年底,美国 P2P 网贷平台 Sofi 宣布首个 1.53 亿美元资产证券化产品发行成功,并获得加拿大最大评级公司 DBRS 的 A 级评分,从此拉开了互联网金融 P2P 资产证券化的序幕。

那些存在稳定现金流的资产,都可以将其资产证券化。互联网金融发展到现阶段,P2P 正处于爆发性发展的一个时期,尤其是基于电商平台的 P2P 市场,在这迅猛扩大的市场,其现金流结构完全符合资产证券化的要求,加上移动互联网给人类带来的日新月异的影响,完全有理由认为 P2P 行业的资产证券化将再次点燃这一行业的发展高潮,成为市场最终的发展方向。但是,值得一提的是,必须对互联网金融资产证券化有序地、有效地进行梳理与监管,有效控制风险的发生和化解,提高对贷款的开发与信用判定能力。同时,在大数据时代下,通过数据挖掘,不断更新风险评估模型,将误判率降到最低,资产打包对应的利率定价更为经济科学。在此基础上,加快资金的流转速度,有效降低中小微企业的融资成本,投资方的需求得到风险补偿,形成一个良性循环,从而使得互联网金融资产证券化可以越走越远,越走越踏实。

2. 风控技术是 P2P 行业的核心竞争力

P2P 网络贷款接近于直接融资。如果将票据视为借款人发行的一种债券,那么 P2P 贷款实际上类似于一个债券市场,投资人购买借款人发行的债券,直接承担借款人的信用风险。而且因为不存在期限转换,P2P 网络贷款中也没有流动性风险。P2P 网贷平台本身既不承担信用风险,也不承担流动性风险,其盈利不是来自对风险承担的补偿,而是来自向投资人和借款人提供的服务(包括促成借贷交易、风险定价、贷款清收和票据服务等),本质上是一种中介业务。

银行存贷款则代表了另一种资金融通方式。首先,银行解决了资金供需双方之间的期限不匹配问题。资金需求者一般需要长期稳定的资金来开展投资,而资金供给者因为要应对随时可能发生的流动性冲击,一般只愿意借出短期资金。银行利用大数定律,为社会提供了期限转换功能。在银行中,存款者不会同时遇到流动性冲击。银行在吸收存款后,只需将一部分资金以高流动资产的形式存放,就能应付正常情况下存款者的提现要求,其余资金可以用来发放长期贷款。其次,银行提供了"受托监督"功能,代表存款者对贷款者的资金运用进行监督,控制贷款者的信用风险(而P2P 网贷平台不会确认或监督贷款的真实用途)。银行承担了信用风险和流动性风险,其盈利来自对风险承担的补偿,主要体现为存贷款利差,也因为承担的风险而受到资本充足率、流动性风险监督、存款准备金率等一系列监管约束。

P2P 网络贷款在借款人方面的核心技术,主要是内部信用评级和贷款利率定价。内部信用评级是按违约可能性将借款人划分为不同等级。如果信用评级越低,信用资质越差,那么信用评级就是有效的。一个衡量工具是 ROC 曲线,ROC 曲线下方的面积越大,说明信用评级越有效。

P2P 网贷的利率定价,理论上与债券定价类似。贷款利率等于无风险利率与风险溢价之和,并且信用评级越低,风险溢价越高,以实现风险与收益的平衡。

贷款的核心问题是信用风险管理,即对客户的信用资质进行评估,进而确定相应的贷款利率和条件。因此,征信是网络贷款的基础和保障。

3. 大数据是未来 P2P 重点发展技术

与传统征信相比,基于大数据的征信引入了新的数据来源,但在信用评估的具体方法和模型技术上变化不大。大数据基于账户交易数据对现有的顾客群体进行细分,然后对每个客户群进行量体裁衣式的"个性化行动"(包括价值营销和风险控制)。P2P 企业还可以运用大数据模拟业务实境,在大数据量的实验环境下,新产品的需求和风险都可以得到更好的预判,借此提高投入的回报率。这意味着,金融大数据不仅穷见过去的资本,更能洞悉未来。

事实上,很多互联网公司,例如亚马逊、谷歌、腾讯,更愿意将自己定位为数据企业。因为信息时代,数据成为经营决策的强有力依据,给企业带来了发展和引领行业的机遇。银行也同样拥有丰富的数据矿藏,不仅存储处理了大量结构化的账务数据,而且随着银行渠道快速渗透到社交网络、移动终端等媒介,海量的非结构化数据也在等待被收集和分析。未来的金融业将更多地受到科技创新力的驱动,也越来越倾向于零售营销;对于金融业来说,大数据意味着巨大的商机,可强化客户体验,提高客户忠诚度。形象地说,数据的收集能力加上数据的分析能力等于企业智商,这关乎商业决策的速度和准确性,关乎企业的生存和发展。

大数据技术的发展带来企业经营决策模式的转变,驱动着行业变革,衍生出新的商机和发展契机。驾驭大数据的能力已被证实为领军企业的核心竞争力,这种能力能够帮助企业打破数据边界,绘制企业运营全景视图,做出最优的商业决策和发展战略。P2P 行业在大数据浪潮中,要以大数据平台建设为基础,夯实大数据的收集、存储、处理能力;重点推进大数据人才的梯队建设,打造专业、高效、灵活的大数据分析团队;不断提升企业智商,挖掘海量数据的商业价值,从而在数据新浪潮的变革中拔得头筹,赢得先机。事实上,如何把大数据带来的大生意抓住,是 P2P 行业不能停止思考的问题。

4. 尊重监管是整个 P2P 行业发展的基础

不同于中国目前的 P2P 行业现状,在美国,P2P 业务必须要去美国证券交易委员会(SEC)注册。监管体系并不是在美国 P2P 网贷平台诞生之初就已形成的。美国的 P2P 市场在诞生之初,当时也处在没有专门监管机构、没有专门适用法律监管的状况。直到面对迅猛发展的 P2P 行业,SEC 认定 P2P 的运营模式已经涉及了证券销售,要求包括 Propser 和 Lending Club 在内的所有 P2P 网贷平台在 SEC 登记注册,登记成功后将会被定性为在允许的范围内销售"附有投资说明的借贷凭证"的机构。Lending Club 一开始就十分尊重监管并积极接纳监管,于 2008 年 3 月就主动申请在 SEC 注册并进入静默期,随后在 10 月获得 SEC 认证重新开业,成为第一家按 SEC 安全标准提供个人贷款的企业。在 SEC 注册获批后,Lending Club 得以将业务拓展到美国大部分州,并迅速超越 Prosper,成为美国 P2P 借贷市场的主要服务平台。

5. 注重加强用户界面交流度

美国的 Lending Club 依托于 Facebook、其他社区网络及在线社区,在朋友之间进行贷款交易,大大增加了交易的成功概率。Prosper 对用户界面进行了很好的交流设计,使得投资人和借款人交流十分充分,投资人可以在社区分享自己的投资经验并与其他投资人分享欺骗性借款人信息。

6. P2P 网贷平台应设计合理的风险分担机制

由于中国的信用体系尚不健全,而由贷款者独立承担违约风险会增加贷款者的成本,不利于 P2P 网贷平台的长远发展。因此,可以适当引入保险机制,通过寻求同保险公司合作的机制来分散风险。P2P 网贷的借款金额一般较少,所对应保险费则能在借出者的承受范围之内,借出者不能完全确定能否收回款项时,可以选择购买"借款保险"。对于平台公司而言,发展"P2P 网络小额信贷+保险"的模式有利于平台的长远发展。

七、行业前瞻：国内 P2P 的未来

（一）金融与新金融：P2P 倒逼传统金融机构变革

1. 利率的市场化、阳光化

20 世纪 80 年代，在金融创新和资本市场快速发展的背景下，西方发达国家利率市场化开始加速进行。面对存款和贷款的持续"脱媒"，商业银行不得不采取经营模式转型、重构资产负债表、大力发展表外业务、积极推进综合经营，有的国家成功应对了利率市场化的挑战，有的国家则出现了较大的经济金融波动。与发达国家相比，我国当前进行的利率市场化对商业银行来说更加复杂和具有挑战性。我国利率市场化虽然起步于 1996 年放开银行间市场同业拆借利率，但此后一直处于稳步推进的状态。2014 年政府工作报告指出，要深化金融体制改革，继续推进利率市场化，扩大金融机构利率自主定价权，促进互联网金融健康发展，完善金融监管协调机制。这是作为近期热点的互联网金融概念首度被写入政府工作报告。当前，我国的贷款利率市场化已基本实现，存款利率市场化将是改革中最重要也是最艰难的一步，而互联网金融的风生水起大大推动了存款利率市场化的改革进程。

近年来互联网金融得以迅猛发展，根源在于其更接近普惠金融的内涵。建设普惠金融也是利率市场化改革的重要内在要求之一，其目的就是要使金融体系惠及各阶层民众和各类企业群体，特别是在传统金融体系中难以获得金融服务的低收入人群和小微企业，使他们都成为金融体系的重要参与者。可以说，互联网金融大大降低了金融的准入门槛，大大提升了百姓参与金融投资的积极性。以第三方支付、互联网理财、P2P 为代表的互联网金融是科技进步和金融管制放松的必然结果,代表着未来的发展方向,需要给予应有的尊重和鼓励。自 2014 年下半年以来,互联网金融在理财领域的发展速度超出人们的想象,掀起了一场全民理财热。与银行活期存款相比,它们具有以下优势:一是收益高,即便余额宝类互联网理财产品因监管等原因导致收益率回落,也在活期存款利率的数倍之上;二是便利性,使用手机随时、随地看到收益进账,实现"活钱"的高收益。互联网金融凭借技术优势和客户优势,对传统金融体系而言发挥着"鲶鱼"效应,倒逼各类金融机构加快创新和完善服务,有利于金融深化和市场效率的提高。同时,有利于发展普惠金融,可以使更多的企业和个人享受到低廉、便捷的金融产品和服务,增强金融服务实体经济的能力,它是对传统金融体系的有益补充。

事实上,互联网金融正在使名义利率迅速接近实际利率。互联网货币基金等金融产品的出现,使大量中低收入人群的闲余资金享受到了真实利率带来的收益,极大提升了普通民众小额闲置资金的参与热情。资本市场发展对银行"脱媒"的冲击相对渐进和缓和,主要对银行的存、贷业务产生影响。而当利率市场化遇上互联网,其影响呈现加速度,并且对商业银行存、贷、汇三大基本功能构成全方位挑战。由于这类互联网金融产品的冲击,不少商业银行也开始推出活期理财产品,放弃活期存款利率带来的巨大利差,事实上开启了存款利率市场化的步伐。从"余额宝"功能和属性看,货币市场基金是其天然的合作对象。货币市场基金规模也因之实现了倍增,并已接近 1 万亿元。预计未来每年还将新增 1 万亿元至 1.5 万亿元,如果按 4%计算银行活期存款和余额宝的利差,并假定 90%以协议存款回流银行,则商业银行每年要多支付 360 亿元至 540 亿元利息,占 2013 年年末整个银行业新增净利润 1 700 亿元的 20%～30%。即使较少比例回流银行,银行为弥补储蓄的分流不得不增加主动负债,从而也会推高负债成本。

总的来看,互联网金融正在为促进利率市场化提供强劲动力,这有利于打破金融抑制,提高市场资金配置效率。受管制的存款利率在一定程度上影响了我国资本配置效率和有效性,形成了金融抑制,造成了实际利率发生扭曲,利率无法在资本配置中发挥有效的传导作用,金融投资受到压抑,资本配置效率降低。而互联网金融通过互联网货币基金等理财产品为储户提供稳定且接近实际利率的回报,通过 P2P 等网络平台信贷方式促进了直接融资的发展。更重要的是,互联网金融通过便利和低成本的网络渠道与创新提高了社会资金的动员能力,加快了资金的流转速度,加强了银行在负债端的竞争,使利率及时地反映资金供求,进而引导资金的合理流动。而且,互联网金融契合了我国利率市场化改革的方向。在互联网金融如火如荼的发展过程中,央行、证监会等监管部门始终秉持着积极、开明、宽容的态度。应该说,互联网金融的蓬勃发展恰恰是为利率市场化提供了一个很好的试验田,其发挥的"鲶鱼效应"所引发的自主利率市场化进程,要比监管部门自上而下地推动容易得多。

对于依赖传统业务模式的银行、证券、保险等金融行业来说,既然无法逃避互联网金融的冲击,就只能坚决地自我革命,对接互联网金融的浪潮。而互联网金融的兴起对我国传统金融、商业生态所起的巨大驱动力却是革命性的,市场竞争更加充分,资金融通效率大大提高。银行的传统利差垄断赢利模式亦已遭受到互联网金融的挑战,在余额宝等互联网金融产品的冲击下,传统商业银行的吸储能力已经大幅弱化,P2P 网贷的市场化、阳光化、规范化、群众性,有效解决了民间借贷信息不对称的问题,使借贷关系更加透明公开,P2P 网贷利率已成为民间金融主流利率走势代表,有利于推动利率市场化。

当然,P2P 网贷对实体经济的融资还远未成气候,P2P 网贷形成的利率还不足以冲击银行的非市场化利率而成为真正意义上的市场利率。只有 P2P 网贷融资足够大,辅之以健全的法律体系、完善的信用评级体系和风险评估机制,利率形成机制才有市场化可言。从这个意义上看,推动 P2P 网贷市场的发展,有倒逼利率市场化的作用。

从长远来说利率市场化对 P2P 网贷是有影响的,但目前整个市场的资金流动还是偏紧的,企业主的需求量还是很大,银行目前所出来的这些资金是没办法满足他们需求的,所以目前来说,没有特别大的影响。当然从长远来说,利率的市场化从理财端来说,银行提高了它的存款利率,居民就会把存款搬回银行,对于 P2P 来说,理财端会受影响。从贷款端来说,利率市场化会让银行在某些方面可能会提高贷款利率,这样会让银行的贷款利率和 P2P 公司的贷款利率差距缩小,这些优质的企业主可能在时间方面需要比较快捷的时候,会选择 P2P 的公司。所以利率市场化对 P2P 公司的发展来说是一把双刃剑,需要各家公司审慎应对。

然而,互联网金融也同样需要在规范中发展。目前,对互联网金融拥护和质疑的声音都很大,究竟是先发展再规范还是在规范中发展应取决于互联网嫁接的对象。互联网其实更像是一个渠道,在"渠道为王"的时代,互联网就具有了超强的能力。它可以和不同的行业和领域进行嫁接,于是便出现了互联网金融、互联网房地产、互联网旅游,等等。因此,除需要对互联网本身的规范外,对于与之嫁接的对象自然也要接受相关行业的规则。P2P 行业进行了聚财和理财等金融活动,接受相应的金融监管也是情理之中,这不仅仅是因为要给银行理财一个公平的竞争环境,更重要的是通过明确相关监管要求建立风险防范机制,保障互联网理财用户资金安全。

2. 投融匹配：传统证券业迈向综合服务？

随着互联网技术的不断发展成熟,互联网技术手段日趋便利化,网络金融活动已经日益深入人们的日常生活,互联网孕育出极具时代特征的生活方式与思维方式。实践证明,互联网金融有力地推进了实体经济的模式创新和运行效率,为小微企业和个人提供了便利,正在成为传统金融领域的有利补充。银行在支付、结算、网络销售渠道,电商企业在支付、销售和各种新型服务方面发展非常快,P2P 等一些新型业态发展也非常快。互联网金融与银行的融合催生了一些新业态、新产品和新机制。银行和互联网的经营创新是互相补充的关系,互联网企业的创新应该是对银行的业务模式有益的补充,银行所具有的强大风控能力和资本约束,包括其客户资源、IT 系统和物理网络资源,绝对不是能轻易被颠覆的,当然互联网企业的迅速发展对它很多业务模式的深化和对客户提供服务是有益的补偿。

互联网巨头向金融领域不断渗透,丰富了金融服务和产品,将用户体验发挥到极致,催生了新的商业逻辑和经营理念,既增加了金融服务的多样性,又倒逼着传统金融的改革创新。可以预见,互联网金融将更深层次地影响和推动证券业,向更加注重客户体验、以客户为中心转变,关注平台和渠道、弱化网点功能、加速金融脱媒,逐渐打破金融业传统的边界和竞争格局,推动证券行业的转型。证券行业的收入来源目前仍有很大一部分是服务模式和服务内容非常标准化、同质化的传统经纪业务。而互联网金融通过标准化的产品,实现规模迅速增加、交易成本迅速下降的能力和特征,是传统证券业无法比拟的,这对传统的证券经纪、理财和产品销售都带来了非常直接的冲击。同时,当前证券经营机构在客户规模、网络渠道、账户功能,以及技术能力和客户体验等方面,与大型互联网企业相比有明显不足,这也让证券行业在应对互联网金融竞争中,面临很大挑战。面对新的竞争环境与挑战,证券业必须积极应对,一方面加快互联网技术手段和互联网经营理念在经纪业务、投资理财、产品销售等方面的应用;另一方面,要坚持近几年证券业创新转型的既定方向,充分发挥和突出投资银行的优势,提升专业化、综合化的服务能力,形成差异化竞争能力,走差异化发展道路。

证券行业要加快向综合金融服务的方向创新转型,不断创建和完善综合金融账户是最重要的基础。账户是客户货币资产的大本营,是客户价值的综合载体,也是客户金融理财活动的出发点和归宿点。以国外市场的经验为例,综合金融账户是海外投行实现转型的重要前提。早在 20 世纪 70 年代,同样在利率管制的市场环境下,美林证券首创现金管理账户,在给予客户保证金余额高于银行存款利率回报的同时,向客户提供在保证金账户基础上进行信用卡消费、支票填写等一系列服务,并在此基础上将证券账户功能不断升级,最终成为集交易和理财于一体的全功能账户,实现其业务模式和收费模式的转型。国内亦是如此,商业银行借助资金支付结算账户的优势和丰厚的存贷利差,伴随着中国经济和居民财富的快速增长,取得了十几年高歌猛进的发展。支付宝也借助虚拟账户创新,连通了用户的互联网账户和资金账户,从另一个方向实现了草根金融崛起。构建面向客户的一站式综合金融服务的账户体系,是理财服务和财富管理等综合金融服务的基础。把客户的货币资产、金融资产集中在一个账户,提供一站式的金融业务服务,是互联网时代一个非常现实的客观需求。长期以来,我国证券公司客户的资金一直处于封闭运作状态,综合支付功能受到限制。因此,证券公司创新转型,毫无疑问需要把资金账户的根据地设立在自己系统内,构建满足客户理财、投资、消费、支付等一站式金融综合账户体系,充分发挥资本中介职能,健全金融机构基础功能,逐步回归投资银行本质。

在互联网时代,金融不再只是传统金融机构的专属领域。过去数年间,凭借对客户体验的理解与追逐,以阿里金融为代表的部分互联网公司,逐步依托渠道优势向金融领域开始了跨界探索。顺应发展趋势,证券行业应积极主动地应用信息技术、借助互联网,对传统经纪业务的业务模式和服务方式进行创新。推进证券业与互联网的融合,要积极推进业务互联网化,依托互联网提升服务效率、降低实体网点成本,更重要的是要通过互联网平台向客户提供包括交易、理财、投融资等一站式综合金融服务;切实转变传统金融业务的经营理念,顺应互联网时代的商业逻辑,注重改善客户体验,以专业化、网络化和标准化的要求,加强网络金融平台、实体渠道和投资顾问队伍建设,强化网上网下有效结合,提升全方位营销服务能力,进一步提升证券业在非现场渠道的客户集聚能力。同时,努力尝试通过网上投资顾问平台等方式,为客户提供互联网综合金融服务的新模式。

近年来,网贷行业与传统金融行业的融合已悄然展开。2014 年 7 月 15 日,广发证券、投哪网联合发布战略合作,广发证券旗下全资子公司广发信德对 P2P 网贷平台投哪网注资近亿元,双方尝试探索合作机会,投哪网上市之后双方将全面推进业务对接。同时,民生电子商务有限公司也正式对外运营,其首款产品为承兑汇票理财产品,项目总额 19.8 万元,预期年化收益率 5.7％,期限为 65 天。部分平台还正在开展融资租赁业务、保理业务等,网贷行业与传统金融业务的融合正在加速。此外,银行和 P2P 行业的资金托管合作也逐渐起步。例如,民生银行推出"网络交易平台资金托管系统",积木盒子、人人贷、民生易贷等 P2P 公司为该系统的第一批用户;宜信和中信银行在资金结算监督、财富管理、大数据金融云等多个领域达成战略合作;人人贷和招商银行上海分行达成了合作,该行托管人人贷的风险准备金;你我贷、融道网同样与招商银行上海分行合作,启动银行资金委托管理业务;开鑫贷和江苏银行开展资金结算方面的合作;拍拍贷和长沙银行达成战略合作;积木盒子在交通银行开设了保证金账户。P2P 行业资金托管量超百亿,监管层鼓励 P2P 网贷平台将资金托管于银行,而对于银行而言,进军 P2P 网贷平台资金托管业务是打开了一个巨大的市场,不占用资本并且可以带来中间业务收入,在利率市场化推进、银行利润受到挤压的情况下,这可能成为一种新的利润增长点。

互联网金融业态改变了金融业的模式,也促进了金融消费方式和交易行为的改变。由于交易成本更低,资源得到了更有效快捷的配置,也在一定程度上弥补了传统金融服务的不足,为实体经济的发展提供了更多层面的支持。互联网金融大潮的爆发,再次证明了科学技术的生命力。然而在充分肯定互联网金融便捷性的同时,也不能忽略互联网金融隐藏的风险,包括流动性风险、系统性风险、操作性风险、合规性风险等。金融行业和互联网行业本身都是高风险行业,互联网金融兼具了互联网和金融双重因子,决定了风险远比互联网和传统金融更为复杂,这对于监管部门的技巧和规则都是挑战。正如银监会王岩岫所说的:"互联网金融要以客户的需求为动力,以支持实体经济为根本,以金融规律为边界,以风险可控为底线,以保护消费者为核心,走可持续、经得起周期和风险考验的发展之路。"

(二) P2P 构建风控体系:从土办法到大数据

P2P 行业在迅速扩张的盛宴之下,不可忽视的是金融业与生俱来的风险,过去的两三年更像是冰火两重天。一方面,P2P 行业迎来了发展速度最快的黄金时期,另一方面,"跑路"、欺诈、兑付困难也让 P2P 行业面临前所未有的风险质疑。风控成了 P2P 行业的一块心病,直接制约着行业的腾飞。P2P 行业面临的主要风险类型有信用风险、操作风险、流动性风险,等等,在监管不成熟的特殊时期,还要加上法律风险和政策风险。如此多种类的风险暴露使得 P2P 企业如履薄冰,经营不善倒闭的想象屡见不鲜,于是风控能力成为 P2P 网贷平台长期内的核心竞争力的观点早已在业内达成共识。

P2P 行业的风控方式一般分为四种类型:一是以实物资产抵押、质押等手段为主的传统型；二是以概率、区域和催收的方式经营的大数据管理型；三是以全程监控、代办服务进行控制的渠道代办型；四是由银行协助进行控制的银行补充型。一般来说，传统型的风控方式安全性和流动性较好，但业务量有限、变现交易差，而大数据管理型的风控方式业务量大、覆盖范围广、市场占有率也高，但区域性限制、集团化管理成本高、人员过多以及操作中有道德风险问题。渠道代办型和银行补充型的风控安全性较高，流动性较好，但也存在相关政策、经营行业以及市场波动大的风险，因此 P2P 行业的风险管理，是需要在线上线下各个环节都周全把握的。同时伴随着即将落地的 P2P 监管细则的压力，P2P 行业开始出现了风控升级甚至风控转型的探索。

1. 征信：P2P 的一剂止痛药

中国的 P2P 行业在经过 2013 年、2014 年的野蛮式生长之后，逐渐呈现出规范融合的态势，行业也由爆炸性增长逐步走向稳定性发展。但与此同时也有许多 P2P 网贷平台出现提现困难，无数投资人的投资资金转眼间化为乌有。这些问题都直接与 P2P 网贷平台自身的风控技术和风控能力挂钩，而风控技术与风控能力又与征信相关，落后的征信系统加大了 P2P 网贷平台识别风险的难度和费用。P2P 本质上是完全基于网络的一种个人对个人的借贷模式，借款人和出借人通过平台实现需求的匹配，直接对接完成借贷行为，从贷款申请，到信用审核，到发放贷款的全部流程都在互联网上完成。美国的征信体系比中国发达和完善，所以美国的 P2P 网贷平台，如 Lending Club，可以凭借其发达的社会征信体系，采用纯线上的业务模式就能很好地识别风险，把借贷业务在互联网上做起来。但是，国内的投资人对于网络环境普遍缺失信任感，投资思维和投资习惯也都偏向保守，P2P 作为一种借钱给陌生人的借贷模式，在中国尚不具备成熟的市场环境。同时，由于国内整体征信环境的局限，只有银行能够掌握个人的征信资源，很少有 P2P 网贷平台能够完全实现线上模式。

国内 P2P 网贷平台更偏金融属性，即线上线下相结合，由小贷公司或担保公司加入平台为借款人提供担保或资金兜底保障，而且用户大部分信用审核的风控偏重银行卡交易等流水的审核，金融特性特别重。国外 P2P

公司则特别强调用户的信用记录,他们会运用信用评分给借款人分出几个等级,使出借人可以根据借款人的信用等级、借款金额、借款时限以及能接受的贷款利率提供贷款。这种区别直接带来国内外 P2P 网贷平台在具体操作上的差异。美国有一整套完善的个人信用制度,由信用局负责收集整理消费者信用数据提供个人信用报告,应用信用按模型计算个人的信用分,以相关的法律规范个人信用数据的操作和使用。美国 Lending Club 公司对借贷人有非常严格的标准,包括借贷人最低的信用级别 FICO 评分要在 660 分之上,不包括房贷的负债/收入比低于 40%,至少有三年的信用历史,等等。而根据借贷人提供的信用数据、贷款期限和额度,Lending Club 公司有一套自己的系统给以借贷人评分,从 A1 到 G5 一共有 35 个评级,这一切得益于美国的信用体系。再如,英国 Zopa 公司选择的客户往往也是银行信用比较好的客户,平台只是比银行更有效率、更便捷、更便宜,为客户创造价值,因此运营 10 年的 Zopa 公司的不良率也只有 1%。中国绝大部分的 P2P 网贷平台却需要大范围地借助线下尽调人员的尽职调查,对借款人进行风险识别,国内千人员工以上的 P2P 网贷平台不在少数,有些知名平台员工总数甚至超过了万人,以人数优势占领着线下获取客源、调查取证的市场。刚刚上市的美国 Lending Club 公司充其量也只有几百个员工,小微企业贷款服务平台 On Deck 只有 369 人,Zopa 只有 65 人,大多数英国的 P2P 公司员工在 20 至 30 人,所有的工作流程包括贷款申请、投标、风险审核、贷款发放都在线上进行,企业只是提供一个撮合双方交易的信息平台。这种成本结构的不同导致中外 P2P 公司在很多做法上有较大差异。另外,国内外 P2P 公司在用户信息数据获取方式上也有不同。在国内,大多数 P2P 网贷平台申请借款人的数据是用户自己提交的,所以在真实度上会大打折扣,存在很大的漏洞和风险;而国外的做法则多是通过大数据的采集和购买第三方数据等方式获取,相对保证了资料的客观性、真实性和效率。我国 P2P 行业发展至今依然没有解决一个问题,即如何在最大程度上降低出借人的投资风险,同时又降低风险识别过程中所耗费的高额的交易费用。我国 P2P 行业中真正赚钱的平台并不多,单单是耗费在借款人的风险识别上就占据了平台相当一部分利润,再加上运营成本、拨备费用等，很多 P2P 网贷平台其实是亏损的。征信体系的不完善，一方面加大了 P2P 网贷平台的风控难度和尽调成本，另一方面也加大了借款人的借贷成本，征信体系影响和制约着整个 P2P 行业的未来发展。

中国的 P2P 行业普遍存在的"征信困局"，即无法完全通过查询借款人的征信来划判风险，线上撮合投资人进行交易。这个"征信困局"其实是中国民间的征信机构和组织不发达、金融行业缺乏充分竞争的结果。完善的征信体系需要时间来演化和发展，关键是需要有一个自由竞争的市场来形成发达而完善的征信体系。这是美国的经验，也是许多西方国家的经验。相对自由的金融环境给了美国的许多金融机构充分发展的机会。美国有数以万计的银行、保险、基金等金融机构，这些金融机构在金融市场中充分竞争，创新业务模式，发展和演化出多样的风控模型和征信形态。这些业务模型、风控技术信息和知识最终汇集成了一张覆盖全社会的大网——征信网络，以至于像 Lending Club 这样的互联网金融平台可以完全凭借其纯线上的风控模式就能识别划定风险，发放贷款。过去中国的征信体系分为央行的征信系统和地方的征信系统，两者都是政府部门主导的。在这两个征信系统中，主要被参考的是央行的征信系统。但即便是央行的征信系统也非常的不完善，只有被查询人的信用卡、银行贷款信息。小贷公司面对借款客户，不仅要查询其央行征信，还要对其进行极为复杂的线下尽职调查，最终才能确定是否对其发放贷款。相比可以看出，中国的征信系统是中心化的，其形成过程也是中心化的，这个中心就是央行。而美国征信系统的形成过程却是分布式的。孰优孰劣，高下立判。去中心化，或者说分布式的形成机制可以在最大程度上利用金融市场中的信息和知识，形成最为完善和有效的征信体系，并随着金融市场的发展，不断进行动态调整。分布式，去中心化的机制决定了征信体系的高度准确性。这也就意味着政府不能再像以前一样垄断和管制整个金融业，而应该打破垄断放开管制，积极推进市场化改革。只有这样，中国的征信系统才能逐步完善起来，否则即使再过一百年，征信体系也不会有所改善，P2P 网贷平台依然要为不完善的征信系统支付高额的尽调成本和承担更高的风险。

2015 年新年伊始，央行下发《关于做好个人征信业务准备工作的通知》,正式开启个人征信市场化闸门,民营征信迎来元年,以阿里巴巴芝麻信用为代表的基于消费大数据的征信机构、以鹏元征信为代表的基于公共大数据的征信机构和以社交数据作为征信模式的玖富旗下的闪银等征信机构纷纷登台亮相。目前,国内的信用数据体系大致分为国家级、电商级、互联网金融企业级、社交金融级。其中,国家级的信用数据为央行的征信中心和银行等金融机构的信贷数据、各部委的具有公共属性的比如通信、水、电、煤气等公共数据。电商级的即包括以阿里、京东为代表的消费数据;互联网金融企业级以安融惠众、上海资信互联网金融征信机构为代表;社交金融则如闪银等开启的新型征信模式。但是,央行的征信中心数据体系,由于起步较晚,明显存在人口覆盖面不足的情形,而且这些数据都来自银行的信贷数据,涉及面较为单一。以电商为代表的消费信用数据是通过分析人的互联网行为记录,对人的身份真实性、行为可信性进行评估并给出认证等级,并且作为第三方平台征信数据提供给 P2P 网贷平台,但这有可能造成电商既当球员又做裁判,造成寻租的空间。互联网金融协会正在推动建立协会成员之间信息共享机制、"云征信",并将建立平台"白名单与黑名单"。但是互联网金融企业目前还属于接入数据阶段,也只有当参与积累共享数据的 P2P、小贷公司、担保公司的数量足够庞大时,才能考虑在此数据量的基础上开发准确可靠的数据模型与信用评分。最后,社交金融数据是被较为看好的一种征信模式,典型的代表企业为玖富旗下品牌闪银,通过利用移动互联网、利用大数据技术分析用户的社交信息等数据,比如个人的微信、微博、朋友圈、校友录、信用卡账单等,通过附加社交维度评估个人信用状况完成个人授信,将大大降低传统单一的通过资产或流水形式评估的信用风险。

2. 移动互联时代:大数据与信用数据共享

P2P 网贷平台需要建立自己的数据库,以此为基础形成自己的风控模型,依靠这套模型去进行线上信审。互联网金融目前对于大数据的利用,还停留在对用户的投资习惯、投资金额大小等传统的数据分析上,但对于网贷行业而言,由于其特殊的行业要求决定了它的数据来源渠道应该宽泛。

在对借款人的审查中,严格风控的 P2P 网贷平台收集的信息不仅要包括职业、收入、住址、贷款、信用卡等基础数据，还应该有消费信息的记录以及社交中的人品等信息，例如是否出现过逃票、有没有案底、有没有过偷税漏税、有没有赌博等不良嗜好等，以此判断借款人是否有还款能力和还款意愿。但是这种原始的大数据积累，国内 P2P 才刚刚开始。而同时，实现数据的积累必须通过跨界数据的共享，需要各个平台的配合。例如，借款人希望通过 P2P 网贷平台来融资，他就需要向平台提交自己的申请材料，平台可以根据这些基本信息，通过约定的数据端口向政府职能部门申请信息访问，比如通过联网工商部门了解该借款人此前是否有过开设公司的经历，以及相关公司的年报资料，通过联网税务部门了解借款人每个月的纳税情况，以此反推借款人的实际收入，通过联网公积金管理中心来了解借款人是否存在贷款，从而通过银行渠道获取其还贷情况，通过社保机构了解借款人是否缴纳社保以推定其是否拥有稳定的收入来源，等等，此外，水电煤等日常生活中形成的开支数据也是重要的补充。

2015 年 3 月 24 日，拍拍贷正式对外发布其核心风控系统"魔镜风控系统"，拍拍贷将该系统称为行业内首个基于大数据的风控模型。从 2014 年 8 月开始，拍拍贷就用介入该系统进行借贷审批风险定价，至 2015 年 3 月 24 日，拍拍贷通过该系统处理的借款约 50 万笔，其中约 30 万笔借款做出了基于风险评估的定价，并对可能逾期概率做出了预测。对于从 2007 年成立以来就专注小额线上借贷的拍拍贷来说，魔镜系统的推出意义非同小可。拍拍贷的目标是服务几千万甚至上亿用户，服务这么大量的用户不可能通过线下来完成。比如魔镜系统这种线上风控初期投资大，一旦成功上线后不再需要大的投入了，只需要不断优化，随着客户量的增长单个成本会越来越低，优势就越来越明显。数据显示拍拍贷的平台注册用户 600 万，其中活跃用户约占 15%，拍拍贷平台八年内积累了接近 40 亿条数据，而其"魔镜风控系统"正是基于这些数据而形成的。用户数量增加，从而用更多的数据对风控模型进行完善，促使魔镜系统不断优化引入更多的维度，提供更精准的预测并被更广泛地应用。同时，拍拍贷负责人表示计划2016 年上半年向第三方开放征信接口。与此同时，好贷网也"高调"宣布与美国费埃哲公司达成战略合作，其战略合作的核心也是围绕大数据风

控。双方将基于 FICO 信贷评分决策云平台和好贷大数据风控产品平台
"好贷云风控",共同为国内信贷机构提供大数据云风控服务。这也意味着
好贷网向大数据风控方向再进一步,风控系统将再次升级。FICO 信贷评
分抉择平台和好贷云风控平台与央行的征信报告可以形成决策互补,除了
获得基础的借款人信息验证之外,还可以提供多维度的借款人消费信息、
个人投资记录、跨平台借贷记录、法院判决记录等多维度的数据报告,帮助
信贷机构考核评估借款人的借款资质和潜在风险。此前好贷网、易通贷、
点融网等十余家平台发布了《中国互联网金融大数据开放共建倡议书》,呼
吁行业内统一大数据技术、使用标准,共建安全与隐私标准,确保大数据采
集和使用过程中的合法合规,以此推动行业的数据共享。另外,红岭创投、
陆金所、宜信、人人聚财等一批国内 P2P 网贷平台都在探索基于大数据的
风控升级。

　　然而与此同时,对大数据在 P2P 行业应用的价值和准确度也存在一
些质疑。目前在国内金融领域,真正利用大数据做风控成功的案例不多,
原因在于:第一,数据必须做到即时更新,数据是鲜活的;第二,平台本身
对用户有约束力。这两点是大数据运用于风控成功的原因,也被人们称为
闭环的数据。而大多数 P2P 公司并没有闭环的交易数据,对用户的约束
力也不足够,那么跟大数据结合似乎就变成了天方夜谭。例如,大数据方
法中利用客户多维度的信息对借款人做综合评估的方式听起来不错,但实
际情况是对一个人信用的评估如果用这样的手段,会发现维度和维度之间
并非相互独立的而是有逻辑关系的,一千个维度中实际有用的维度可能只
有一百个,而另外九百个是没用的,也就是说这样一个风控模型几乎是建
立不起来的,维度的逻辑关系会有冲突,就算真的建立起来了,能通过该模
型验证的也极可能是人格完美的人,而不是金融信用良好的客户。因此不
同的数据维度应该对应不同的方面。另外,对于互联网上的社交数据是否
可以作为参考依据也是值得商榷的,原因在于:其一,在互联网上人性是
被放大的,现实中不敢说的话在网络上却敢说,现实中内向的人在网络上
或许会非常外向。也就是说互联网上的社交信息很难还原现实中人的信
用;其二,社交信用并不一定能代表金融信用。据征信公司根据以往的征

信记录来看，人的信用是多方面的，有朋友信用、爱情信用、事业信用、其他社会信用和金融信用等，如果把每一类信用都看成一个面，其他几个面的信用与金融信用并不一定存在相关性。最近 Facebook 公司也在做一些社交金融方面的尝试，即利用互联网上的个人信息评估其信用并作授信，但是目前也是困难重重，因此这项服务的相关数据还未披露。

虽然大数据和 P2P 结合应用于风控还没有成熟的案例，但是把大数据的理念和技术运用在营销上却有着不错的作用。例如可以通过系统进行大数据分析，为借款用户量身定制不同利率、手续费、还款方式、期限、额度的贷款方案。但是 P2P 企业最终还是希望用大数据完成授信和风险控制，利用大数据做闭环的风险控制才能降低成本。这就必须在数据即时更新和平台约束力两个方面多做努力。但是目前大数据的采集成本比较高，很多外部数据都需要平台有偿获取，这方面主流的平台比较有优势，而其他的小型平台如果要切入大数据应用还有很长的路要走。另外信息共享和隐私保护如何平衡，在信息透明化上涉及我们个人隐私如何保护的问题，牵涉到本人的知情权、同意权和拒绝信息被采掘的权利，这些仍然是 P2P 网贷平台在进行数据采集需要解决的问题。

（三）P2P 未来之路：分化派系，大数据与个性化融合

2015 年 10 月，在京发布的《互联网金融蓝皮书：中国互联网金融发展报告(2015)》(以下简称《报告》)引发外界关注。《报告》指出，P2P 行业已经经历了行业起步期和快速发展期，从 2014 年开始整个行业逐步进入调整缓冲期。从金融的范畴来分析，对于金融发展而言，P2P 并不只是单纯的互联网技术创新，而且还做出了许多其他方面的创新和贡献。

《报告》显示，2014 年全国 P2P 网贷平台继续增加，几近 1 400 家；网络贷款成交额逾 3 000 亿元，较 2013 年增长 268.83％；325 家重点网贷平台监测结果显示其 2014 年成交量逾 2 500 亿元，是 2013 年的 3 倍多；平台业务多样化，票据、保理、二手车、供应链金融等均有涉及，细分市场逐步形成。

除了市场细分，《报告》认为，2014 年 P2P 行业发展特点还有：多方资本，包括银行、上市公司、国资企业等，均开始投资 P2P；合规性方面，监管态度逐渐清晰，行业自律组织成立。2015 年年中，央行等十部委联合发布《关于促进互联网金融健康发展的指导意见》，系监管部门对包括 P2P 在内的互联网金融业态提出的第一个框架性文件，鼓励发展之余，亦明确方向，要求 P2P 建立银行第三方存管制度，且不得开展增信服务。《报告》认为，这显示 P2P 市场回归理性，经营回归审慎。

《报告》预测，监管政策出台，P2P 行业将面临快速洗牌；风控能力将成为核心竞争力；而传统金融机构或将与 P2P 合作。

从形势的发展来看，P2P 的暴利时代已经过去了，控制成本是国内 P2P 企业必须要做好的工作。成本的主要来源有三个方面，分别是理财资金成本、人员销售成本和坏账引发的成本。理财资金成本的降低可以通过线上操作的方式实现，线下越多，成本越高。人员销售成本降低的方式主要是公司成本结构的调整，由销售成本的投入转向市场成本的投入，重市场、重品牌，而不是重销售。最后是坏账引发的成本，这就需要 P2P 做好风控。人力密集型成本高、稳定性差，并且线上操作比线下更透明。从长远的角度来讲，坚持发展纯线上模式的做法是非常正确的。线上线下相结合的模式是国外 P2P 模式在中国的本土化变形，在国内信用环境尚不完善的情况下，绝大多数 P2P 网贷公司都选择了这种模式。但是这种模式导致的直接后果就是线下人力成本大幅度增加、时间成本投入加大，无疑使本身运营成本就非常高的平台雪上加霜，大大拖累了平台的发展速度。P2P 的本质是降低了贷款人和借款人之间进行资金撮合的成本，这一点只有通过互联网平台才能做到。从平台方的角度，尚无准入门槛的模式容易介入，只要稍有项目资源及客户资源的创始人，都能搭建平台；从二三线投资者的角度，较低的银行存款利率和较高的银行、证券理财产品门槛将他们引入了网贷所推崇的小额、分散市场。

P2P 网贷平台在需求引导的市场中发展，带动了金融产品的市场化，而市场化的最终目的，是为消费者创造价值。未来存续的平台，是在金融产品市场化竞争中能带来产品价值的企业。在监管政策尚不明朗的环境下，各大平台行走在监管套利的边缘，头上时刻悬着一把剑。如何在游戏规则内持续发展是每个正规 P2P 网贷平台创始人都在思考的问题。如今，仅做平台中介服务的网贷机构越来越少，大多成为第三方财富管理平台，即嫁接小贷公司、担保公司，突破资本限制，也成为民间借贷阳光化的创新渠道。纯 P2P 企业已经逐渐转变为 P2B(个人对非金融机构)、P2F(个人对金融机构)、P2G(个人对政府项目)等。尽管互联网金融的 P2P 模式从开始就以高收益赚足眼球，但今年 P2P 行业的年化收益率持续降低，未来不可能持续以高收益为噱头，行业整体发展将趋于理性，差异化成为平台未来生存的基石，三类平台将成为市场主流。第一类 P2P 网贷平台将更加聚焦专注于某一行业，甚至是对某一细分领域进行深挖，而后沿着该行业的上下游延伸，实现垂直一体化的供应链金融。比如联想控股投资10 亿元的翼龙贷，专注于服务三农；融众网，安心贷，专注于房地产抵押贷款；好车贷和车易贷，专注于汽车类贷款。这类平台一旦抓住垂直领域中的核心企业，亦能针对其上下游发展贷款项目，由于核心企业资质和能力的稳定性，其上下游客户的还贷能力亦有保障，降低了违约风险。第二类 P2P 网贷平台转化为综合性金融超市。如 91 金融超市综合了销售导购的渠道与平台方向及交易业务与产品服务方向。成立早期便基于对用户的金融交易行为作出统计甄别，结合金融机构的产品服务，作出精准的性格匹配、标签匹配、提供符合用户需求的产品。同时针对企业流动资金的保值增值，尝试"91 金融增值宝"，与银行、保险、基金、券商等传统金融机构联合运营、推出面向中小企业的高附加值理财产品，开创企业版余额宝模式。第三类银行、证券系 P2P 崛起。金融机构已嗅到互联网的商机，纷纷布局，招行小企业 e 家，包商银行小马 bank，民生银行民生易贷，国开行旗下开鑫贷，平安旗下陆金所，广发证券与新浪合作推进"一齐发"互联网理财方案，隶属于广发证券旗下的易淘金平台，此前广发证券和投哪网达成的战略合作，等等。传统金融机构除了工行、城商行尚在等待，其他均已跃跃欲试，欲以金融机构的稳定收益和风控能力吸引尚未覆盖的用户。P2P 补银行和证券公司的缺口，两者是并存的关系。传统银行和证券仍需线下服务一大拨有资金实力的客户，而 P2P 服务的是传统金融机构尚未涉足的小额、分散市场。

不论是垂直型 P2P 网贷平台,还是银行、证券系 P2P,他们的本质是在借款人和投资人之间形成更便捷、透明的中介平台。但是,任何一种类型的中介平台的总和不可能是现存的几千家,先出位者势必站在行业的潮头。差异化是 P2P 网贷平台未来生存的法宝,专业领域会越来越细分形成壁垒,P2P 行业将出现差异化平台共存而不是一枝独秀的局面。这种差异化竞争主要体现为:

第一,市场定位的差异化,各平台根据各自的资源禀赋和擅长做有差异化的市场,向纵深化发展,精细化运营。大而全意味着什么都做不好,而且绝大部分 P2P 公司的实力都不足以支撑成为什么行业都能涉足的大平台。P2P 网贷平台还是应着眼细分行业、本地市场,渠道下沉,风险管理坐实,为投资者提供稳定安全的收益是行业发展正道。有的 P2P 对某些行业有较深的理解,就可以在这些行业里深耕细作。

第二,业务体系上的差异化。P2P 的未来发展是突破融资信息服务的单一业务,通过掌握两端客户的数据以及利用客户的黏性来提供增值服务。这就不是简单的资金交易中介,而是形成一个综合性金融服务平台,类似金融超市的概念。简而言之,从业务发展趋势和方向来看,就是以 P2P 为起点,寻找商业模式的突破。P2P 更深入的发展方向是众筹领域,如产品众筹、股债众筹。基于农业的 P2P 网贷平台已经有做农产品众筹的成功案例,是众筹发展的新方向。另外,文化产业更适合通过产品众筹模式来募集资金,但是对于有些比较复杂、不好操作的产品,众筹并不合适。简单地说就是跟老百姓消费直接相关的产品,未来都可以采用众筹模式,互联网金融行业等也都可以做众筹,提供衍生产品和高附加值服务。

第三,服务的差异化,随着行业洗牌的加剧,未来将有一半以上的中小型 P2P 企业在市场和政府的双重压力中倒下,真正能领航的可能仅有现在总数十分之一的优质平台,在市场化的环境下,提供更具价值的金融产品,给企业和投资人带来附加值更高的服务。在企业端,提供贷款服务,为企业解决融资难题,通过多方合作提升企业价值。如与管理咨询公司合作,提升企业的管理能力;与投资银行合作,提升企业的融资能力;与券商合作,提升企业的资产管理能力;与财务顾问公司合作,提升企业的财务管理水平。在投资人端,通过技术手段,实现信息透明,帮助投资人降低风险,提高收益。定期开展投资人关系活动,增强投资人黏性;展开投资人教育,带着有资金实力的投资人看项目分析项目,深化平台的服务功能。连接两端的网贷平台,只有激活中小企业和投资人内心深处的需求,提供贴心的增值服务,真正帮助企业提升价值,才能走得长远。

P2P 网贷平台,其本质是普惠金融,是为了帮助一些无法通过银行或线下贷款渠道获得借款的个人、企业、项目通过互联网渠道募集资金,以维持或推动项目的正常运作,解决个人、企业的资金紧缺困难。因此,P2P 网贷平台从成立之初便承载着重大的社会责任。随着整个金融业态的对内对外放开,中国式 P2P 网贷估计会逐渐转型为另外一种业态,也完全有可能经过多年积累之后成为银行,类似美国的社区银行的单点型业态,依附于区域能力、个人能力基础上的银行。随着金融门槛的不断降低,这种可能性会更大,这也是普惠金融所强调的奥义所在。P2P 是一种融资创新模式,对传统金融体系形成有益补充。在监管层和市场共同努力下,防范和化解发展中遇到的道德风险,行业能够走上健康发展的正道。目前监管层对网贷行业的监管规则和制度尚未落地,导致很多纯诈骗性质的平台公司顺利进入了市场,不当宣传欺骗投资者,平台倒闭和老板"跑路"现象的频发,影响了投资者对行业的看法,也影响了网贷行业的规范健康发展。因此只有加强金融消费者权益保护工作,加快出台监管细则,才能促进国内 P2P 行业的健康发展。然而立法具有滞后性,而互联网金融的发展却是日新月异的,存在着法律一颁布就过时的可能性,因此,更像英国的经验所启示的一样,贴近 P2P 企业的行业协会能够发展更大的作用,我们应当十分重视行业自律在这个过程中发挥的重大作用。

后 记

　　最近几个月，P2P 这个名词频繁出现在各类媒体上，成为社会各界普遍关注的热点和焦点。在这当中，既有 P2P 网贷平台"跑路"的各种负面的消息，也有国家层面为规范 P2P 网贷平台出台的监管办法和发展规划。可以看出，虽然当下 P2P 出现了很多各种各样的负面报道，国家对于 P2P 行业的发展仍然十分关注和重视，整个行业仍然需要砥砺前行。

　　2015 年 12 月 28 日，银监会同工业和信息化部、公安部、国家互联网信息办公室等部门研究起草的《网络借贷信息中介机构业务活动管理暂行办法（征求意见稿）》正式向社会公开征求意见。

　　征求意见稿总体对网贷机构实施备案管理制度。办法规定所有网贷机构均应在领取工商营业执照后向注册地地方金融监管部门备案登记，该备案不构成对机构经营能力、合规程度、资信状况的认可和评价。同时，地方金融监管部门对备案后的机构进行分类评估管理，将分类结果在官方网站上公示。办法要求地方金融监管部门对机构实施先照后备案，并分类管理，属于事后备案，目的是减少事前行政审批，着眼于加强事中、事后监管，有利于行业的创新和发展。

　　征求意见稿中要求，网络借贷信息中介机构应当实时在其官方网站显著位置披露本机构所撮合借贷项目交易金额、交易笔数、借贷余额、最大单户借款余额占比、最大 10 户借款余额占比、借款逾期金额、代偿金额、借贷逾期率、借贷坏账率、出借人数量、借款人数量、客户投诉情况等经营管理信息。对于出借人，征求意见稿中要求，参与网络借贷的出借人，应当拥有非保本类金融产品投资的经历并熟悉互联网。

　　2016 年 1 月，国务院印发《推进普惠金融发展规划（2016～2020 年）》

（下称"规划"），首次从国家层面确立普惠金融的实施战略。根据规划，到2020年，我国将建立与全面建成小康社会相适应的普惠金融服务和保障体系，有效提高金融服务可得性，明显增强人民群众对金融服务的获得感，使金融惠及每个人，每个小微企业。值得注意的是，"规划"中明确提出要规范发展互联网金融，积极发挥P2P网贷等互联网金融平台的普惠金融功能。"规划"中首次提出，促进互联网金融组织规范健康发展，加快制定行业准入标准和从业行为规范，建立信息披露制度，提高普惠金融服务水平，降低市场风险和道德风险。同时要发挥P2P网贷平台融资便捷、对象广泛的特点，引导其缓解小微企业、农户和各类低收入人群的融资难问题。

此前，谈及普惠金融，我们首先想到的便是互联网金融，其中以P2P网贷为典型代表。但是由于监管缺位，问题频发，P2P网贷的普惠金融定位还存在着一些异议，高呼P2P网贷不属于普惠金融的声音也不绝于耳。不过现在，"规划"既明确了P2P网贷的普惠金融定位，也肯定了P2P网贷在推进我国普惠金融发展中的作用和价值。

在业内人士看来，"规划"的出炉在利好P2P网贷发展的同时，也为行业发展指明了方向。P2P网贷要发挥好普惠金融的功能，首先是要做到规范发展，其次是要面向实体经济，切实为小微企业和各类人群解决融资难的问题。

众所周知，快速发展的P2P行业鱼龙混杂、问题频出、风险多发，让这个快速发展的行业蒙上了一层阴影。所以，加快制定行业准入标准和从业行为规范是P2P行业继续前行的当务之急，也是P2P网贷发挥普惠金融功能的前提条件。

除了规范发展，P2P面向实体经济，做好小微企业金融服务是助推普惠金融发展的关键。这就要求P2P网贷平台一方面要强化普惠金融服务理念，不断拓展小微金融服务的广度和深度。另一方面，P2P网贷平台还要积极创新，利用先进的互联网技术手段降低金融服务成本，改进服务效率，提高金融服务的覆盖面和可获得性。也只有真正做到普惠金融服务、特色经营、高效风控的P2P企业，才能不被市场所淘汰。

关于P2P行业的相关书籍有很多，本书与其他书籍可能有所不同，侧重于通过各类案例剖析来展示国内 P2P 行业的发展历程。它既满足 P2P 行业从业人员对所在行业有一个较为全面和清晰认识的要求,也能让其他感兴趣或关心 P2P 行业发展的人士在通俗易懂的介绍中了解 P2P 行业的发展历程和典型事件。本书引用了不少资料,在文中做有标注,以方便读者做进一步的拓展阅读。毕竟 P2P 行业作为一个新兴行业,在全球和国内发展的时间都不长,很多问题都还没有标准的答案,也欢迎读者朋友和我们一起探讨。希望本书能够起到一个抛砖引玉的作用,帮助读者朋友了解 P2P 行业,进而推动整个行业的发展。

感谢所有 P2P 行业从业者,正是你们的辛勤付出打造了行业的基础;也感谢所有关心 P2P 行业发展的各界人士,正是你们的呵护和支持推动了行业不断进步和发展;感谢本书所引用的所有资料的作者,是你们的前人指路,才使得本书能够顺利出炉。同时,本书在写作过程中得到了东方出版中心相关领导、编辑的专业指导和大力支持,特表示感谢。另外,北京大学研究生冯少杰和李文竹两位同学参与了本书前期的资料收集,在此一并表示感谢。

最后,谨向帮助、支持和鼓励我们完成本书写作的所有朋友致诚挚的感谢!

水名岳　符拓求

2016 年 1 月于北京

图书在版编目(CIP)数据

中国式 P2P 网贷/水名岳,符拓求著. —上海:东
方出版中心,2016.3
 ISBN 978 - 7 - 5473 - 0930 - 8

 I.①中… Ⅱ.①水… ②符… Ⅲ.①互联网络-应
用-借贷-研究-中国 Ⅳ.①F832.4 - 39

中国版本图书馆 CIP 数据核字(2016)第 044291 号

中国式 P2P 网贷

出版发行:东方出版中心

地　　址:上海市仙霞路 345 号

电　　话:(021)62417400

邮政编码:200336

经　　销:全国新华书店

印　　刷:常熟新骅印刷有限公司

开　　本:710×1020 毫米　1/16

字　　数:142 千字

印　　张:11　插页 2

版　　次:2016 年 3 月第 1 版第 1 次印刷

ISBN 978 - 7 - 5473 - 0930 - 8

定　　价:35.00 元

东方出版中心邮购部　电话:(021)52069798